ARTHUR SCHOPENHAUER

人生的智慧

[德] 亚瑟 · 叔本华 著
张亦华 译

中國華僑出版社
· 北京 ·

目 录

第一部分

人生的智慧

引言

在本书中，我将谈谈通俗意义上的“人生的智慧”。这是一种艺术，可以让我们通过安排生活，尽可能获得更多快乐，取得成功。我们也可称之为幸福论,它会指导我们如何幸福地“存在”。虽然这个问题必然会涉及主观判断，但从纯客观的角度来看，或者经过冷静成熟的思考，我们都会认为这样的“存在”显然优于“不存在”。这就意味着，我们其实是为了追求“幸福”本身，而不仅仅是因为害怕死亡才这么做。并且，我们还希望这样“幸福的存在”能一直持续下去，永远不要结束。

众所周知，基于我自己的哲学体系，人类的生活既不会，也不能与这一“存在”的概念相契合。但基于幸福论的假说，却必须从肯定的角度来解释这个问题。我在其他作品中已经解释过，这个假说从根本上就是不成立的。因此，在本书中阐述“如何获得幸福”的时候，我必须放弃自己的理论所遵循的那些更高一级的形而上与道德的立场。

本书中所有论述都是基于某种程度的妥协，我将站在大众的立场上进行论述，并包容根本上的错误。因此，这些论述的价值都是有限的，况且“幸福论”本身就是一种委婉模糊的说法。此外，我也不会宣称本书是完备的，一方面这个主题本身就无穷无尽；另一方面，我也不想为求完整而把别人说过的话再重复一遍。

据我所知，唯一与本箴言录撰写目的相似的作品是卡丹的《论逆境》(*De utilitate ex adversis capienda*)，非常值得一读，可作为本书的补充。亚里士多德确实也在他《修辞学》(*Rhetoric*)第一册的第五章中做过一些相关论述，但并不深入。由于我志不在汇编，所以没有采用这些前辈的内容；而且如果是汇编，个人的思考往往会被遗落，但其实对于这样的作品，个人观点才是核心的内容。自古以来，智者都说着同样的话，而组成普罗大众的“傻瓜”们，也总是在做着相似的、与智者之言背道而驰的事，循环往复。正如伏尔泰所说：“当我们离开这个世界的时候，它还是照样愚蠢和狡黠，跟我们刚来的时候没有两样。”

第一章　人的划分

亚里士多德将人生的幸福划分为三个范畴——来自外界的幸福、来自灵魂的幸福、来自肉体的幸福。只取其三分法，我也将人的本质区别归结为三个范畴：

（1）此人为何：即广义上的“性格”，包括健康、力量、样貌、性情、道德品质、智慧及教养。

（2）此人有何：即财富和其他任何形式的所有物。

（3）此人在他人评价中如何：通俗来说，就是一个人在他的同胞眼中是怎样的，或者更严谨一点，他人用什么眼光来看待此人。这一点可以通过他人的看法表现出来；反之，他人的看法又会通过此人所得到的荣誉、地位和名声反映出来。

人和人在第一层范畴中的差异先天地由自然决定，由此我们便可以推断：相比其他两层仅是人为造成的结果，第一层中的差异对人幸福与否的影响要更加根本和彻底。相比聪慧的头脑和善良的心灵之类的“真正的个人优势”，所有阶层或出身的优势，即使是皇家血统，都不过是舞台上假扮的王侯将相，而前者才是现实中的王者。很久以前，迈特罗多鲁斯——伊壁鸠鲁[1]最早的

1 伊壁鸠鲁（公元前341–前270），古希腊哲学家、无神论者，伊壁鸠鲁学派的创始人。

门徒，也曾用同样的话作为他文章的标题："我们从自身得到的幸福，要比从外界得到的多得多"。毋庸置疑，一个人幸福的首要因素、存在于世的要旨，就是他本身为何，即他的内在。

因为这才是内心满足感的直接来源，它们是感知、渴望和思考综合产生的结果；而外界不过是扮演了媒介角色或产生了间接的影响。这就解释了为什么同样的外部事件或条件不可能对两个人产生相同的影响；因为即使处在完全相同的环境中，每个人也只活在自己的世界里。对一个只对自己的想法、感受、意愿有直接感知的人而言，外部世界的影响也只在刺激到他这些感知的时候才能奏效。外部世界随着人对世界的看法而变化，因此千人千面；对于某人来说，世界是荒芜、枯燥、肤浅的，对另一个人却可能是多姿、有趣、充满意义的。当听闻他人有趣的经历，很多人会希望同样的趣事也能发生在自己的生活中，却完全忽略了，其实他们更应该羡慕的是这个人在讲述这些事情时的心智，是这种心智赋予了事件意义：对一个有这方面才能的人来说，这些事是充满趣味的冒险；而对一个感知平平的普通人来说，它们可能只是老掉牙的日常琐碎而已。歌德和拜伦的诗歌是这方面的最佳案例，他们创作的许多诗篇都基于现实。一个愚钝的读者可能会嫉妒诗人：怎么这么多好事儿都发生在他身上？而不是羡慕诗人那伟大的想象力，然而，正是想象力让那些稀松平常的经历变得如此美妙。

同样的，乐观者眼中一次有趣的冲突，在忧郁者看来可能是一场悲剧，而对一个冷漠的人，此事也可能不具有任何意义。所有这些都基于一个事实：任何事件，如果要被认识、领会，需要两个要素的合作——主体和客体，虽然它们本身就像水中的氢和氧，密不可分，互为依存。故而当一段故事中的客体或外部因素不变，但主体或个人对它的理解有所不同时，在不同人的眼中，仿佛事件本身就是不同的。

世界上最美好的事物，对于愚钝的人来说可能也只是平淡乏味的现实而已，更别提被好好品味一番——正如美景遇到了坏天气，或者遇到了糟糕的摄像镜头。通俗点说，每个人都受到自我意识的限制，我们无法超越这种限制，正如无法挣脱自己的皮囊，因此外力能给到的帮助也很有限。在舞台上，有人演王子，有人演大臣，有人演仆从、士兵或者将军——这些都只是外在的差异，他们的内在现实都是一样的，这些人物的内核都不过是汲汲于各自生活的普通演员而已。在生活中也一样，阶级和财富的差异给每个人分配了不同的角色，但这绝不意味着内在的幸福和快乐便会有所不同；现实生活中人们的内核也是一样的——都只是一介凡人，都有自己的难处和烦恼。尽管烦恼的缘由可能不同，呈现的形式和难度不一，但本质上却是一样的，且与每个人所扮演的角色、拥有的地位和财富并不密切相关。既然一切都只存在并发生于我们的意识中，那么对个体最重要的便是意识本身的构成，而外在环境只是作为内容填充。愚人眼中的尘世之荣耀和欢愉，与塞万提斯在牢狱中写作《堂吉诃德》（*Don Quixote*）时的那种天才想象相比，都不值一提。生活和现实的客观条件由命运决定，其形式随际遇多变；但主观条件掌握在我们自己手里，并且在本质上从一而终。

因此，无论外部环境如何变化，每个人的生命都烙印着同样的个性，就像是围绕着某个特定主题的变奏组曲一样，没有人能够超越自己的个性。譬如一只动物，无论将其置于何种环境，它都无法挣脱大自然加于它身上的束缚；因此如果我们想让宠物开心，就要遵从它的天性，用它所能感知的行为去表达友善。

一个人的性格决定了他将如何衡量自己所能取得的幸福感。精神力量尤其如此，且决定了此人是否能感知更高层次的乐趣。如果精神力量很弱，那么无论是亲友还是财富，都不能让他获得超越普通水准的幸福和快乐，而只能屈从于动物性；他唯一的快乐来源于感官的满足，即低层次的陪伴和消遣，最高层次也就是追求温馨愉快的家庭生活；即使接受了教育，他视野的提升空间也有限。最高级、最丰富、最长久的快乐来源于思想，但年轻的时候我们可能意识不到这一点；思想的快乐则来源于思考的力量。故而幸福主要取决于我们的本质和个性，而命运只能决定我们的所有物和外在名声，这些虽然可以得到提升，但若我们内心富足，也并不会汲汲于要获得更好的外部条件；反过来，愚人永远是愚人，即使在生命的最后一刻，升入天堂被天使环绕，也还是一个“木脑瓜”。这就是为什么歌德在他的《西东合集》中说，每个人，无论地位高低、成功与否，个性才是幸福之本：

凡人，仆人和胜者
古往今来，莫不如此
人类之子的最高幸福
乃其个性

一切都说明，对于获得幸福来说，主观因素比客观因素重要得多，从“饥饿是最好的调味料”“衰老和青春无法共存”这样的谚语，到历史上圣贤们的故事，无不说明这个道理。健康比什么都重要，正如人们所说：宁做健康的乞丐，也不做生病的国王。沉静乐观，身体康健，头脑清晰活跃，能看透本质，谦逊温柔且善良，这些优势都是社会地位或财富不能弥补或取代的。

因为在独处时与你相伴的，任谁也无法给予或夺走的是你的内在本心，是你自己，这比其他任何财富或者外界评价都重要。智者在完全独处时能从他自己的思考和想象中获得无限乐趣，然而对于一个愚人，任何花样的社交、戏剧、旅行和娱乐都无法驱散他的无聊。一个温和有礼的好人即使在贫瘠的环境中也能感到幸福，而一个贪婪善妒的恶人，即使家财万贯，也难逃苦痛。进一步讲，对于一个能恒常享受其独特个性之乐的智者，凡人乐此不疲追求的大部分快乐都是冗余的，他们甚至视之为烦恼和负担。所以贺拉斯说“我不管生活中多少时髦玩意儿被夺走，至少还能靠着一样活下去”：

宝石，大理石，象牙，小雕像，图画
白银，染成紫色的华丽衣裳
无所有者，亦无所谓

当苏格拉底看到市场上售卖的各种奢侈品的时候，也发出感慨：“原来世界上竟有这么多我不需要的东西！”

故而人生幸福的首位要素是我们本身，即我们的个性，只有它，无论外界条件如何变化，都能恒定地发挥作用。与幸福的其他两个范畴（“此人有何”及“此人在他人评价中如何”）不同，个性不受命运牵制，也无法被夺走；而且个性具有绝对价值，与之相比，另外两个范畴所具有的价值是相对的。相应的，要从外在完全掌握一个人，就没有想象中那么简单。但无所不能的“时间”能消磨掉一切生理和精神智力优势，唯有品格坚不可摧。在“时间”强大的破坏力下，另外两个范畴的幸福反而好像比第一种更具优势，因为时间既不能直接剥夺我们的所有物，也不能影响他人的看法。

后两种幸福的另一大优势是，它们从本质上是客观的，属于外部世界，故而是“可得到的”，人人都有机会拥有。与之相比，主观的幸福却是天赐的权利，不可变，不可夺，亦不可免。我在此引用歌德的诗：

你降临人世的那一天
太阳迎接了行星的到来
继而滚滚向前
你依照命运成长
生而如此，无法逃离
先知西比尔和预言家们已经宣告
没有任何时间、力量可以改变
这个已然成形的，活生生的你

我们唯一可以做到的是最大限度地利用好我们的个人品质，朝着能让它发挥作用的方向去发展，在这些领域中力求完美，而不要理会其他干扰；也就是说，我们要选择最适合自己个性发展的地位、职业和生活方式。

试想一下，一个力大无穷的人迫于环境去从事一份久坐不动的工作，比如细致的手工，或者从事学术研究或脑力劳动，而完全用不到他的天赋，迫使他放弃自己本来的优势。他这样过一辈子，又怎么会幸福呢？更悲惨的情况则是强迫智力高超的人去从事他们可能无法承受的体力劳动，而弃他们的脑力不用。这种情况我们应当警惕，尤其是在年轻的时候，不要掉入幻想的陷阱，试图去从事一些力不能及的工作。

既然第一范畴的幸福要优于其他两个范畴，那么致力于保持身体健康和发展心智，肯定比一心求财要来得明智。但这并不意味着我们应该忽略生活必需品。财富，严格来说确实是冗余的，对追求幸福作用有限；很多有钱人会感到不幸福，是因为他们缺少真正的精神文化和知识，所以对脑力活动没有客观的兴趣。除了日常自然生活必需，财富对幸福能产生的影响非常小，甚至还会妨碍幸福的获取，因为守财会不可避免地带来许多焦虑。但人们还是花了千万倍的努力去追求物质财富，而不是精神财富，尽管一个人本身的品质远比他的所有物更能影响人生幸福。所以有些人虽然像蚂蚁一样勤劳，每天从早到晚不辞辛苦，只为了充实自己的小金库；但除此之外，他们一无所知，脑袋空空，对其他美好的事物或思想也没有任何感知，不能受其滋养。他们无法享受到智者所拥有的高等乐趣，所以放浪形骸，企图用短暂的感官愉悦来弥补,但这种快乐稍纵即逝,代价巨大。如果他运气还不错，通过一生奋斗最终积累了可观的财富留给后人，他的后人要么继续壮大家业，要么挥霍一空。他这样过一辈子，虽然看似脚踏实地有所追求，但其实和那些一目了然的无知者没什么两样。

一个人的内在是人生幸福的关键。许多不必再为生计发愁的人，其实内心和那些为贫穷所困扰的人一样不快乐，他们头脑空空、想象力贫乏、精神空虚，只好与和他们一样的人为伍，正所谓“物以类聚”，他们追求同样的娱乐消遣，沉迷感官享受，变着法子玩乐，最终纵欲过度。有钱人家的继承人们含着“金汤匙”出生，却往往转瞬把财富挥霍一空。这是为什么？很简单，也是因为思想的空虚，让他们感到生活无趣。他们生来外在富有而内心贫瘠，所以要用尽一切力气凭外物弥补内心的空虚，但这却只是徒劳，就像大卫王和马雷夏尔·德·雷克斯，在年老的时候企图借助外物强健自身。因为内心贫乏，到最后连外在的财富也离他们而去。

我无须特别强调后两个范畴对于人生整体幸福的作用，它们的价值人尽皆知，不需要再做宣传。第三范畴，即“此人在他人评价中如何”，确实看上去比第二范畴还要虚无，仅由他人的观点组成。普通人为了获得好名声而努力，而地位，应该只是那些服务于国家的人可以争取的；追求声望的人则更少。名誉在任何情况下都被视为无价之宝，而声望已经是凡人可以获得的最宝贵的祝福，犹如神选者才能拥有的“金羊毛”：虽然二选一时，无知者才会只求名不求利。实际上，第二、第三范畴的幸福互为因果，正如佩特洛尼乌斯[1]所言：“有财富，便有声望。”反过来，他人的喜欢也能让我们更容易地获得想要的东西。

1 佩特洛尼乌斯，罗马帝国讽刺作家。

第二章　性格，人的根本

现在我们已经知道，相较于所拥有的外物和他人的评价，一个人的内在对他的人生幸福影响最为深远。此人为何，他的内在如何，永远都是优先的考虑因素，因为人的个性如影随形，并为他的经历描摹色彩。比如，不管是什么样的享乐，首先都由人自己决定，肉体的愉悦如此，精神的愉悦则更甚。英语中的"享受自己（to enjoy one's self）"其实是一个非常精妙恰当的表述，人们不会说"他在享受巴黎（he enjoys Paris）"，而会说"他在巴黎享受自己（he enjoys himself in Paris）"。如果一个人的性格不佳，任何欢愉于他，也好比美酒入苦口，毫无滋味可言。因此生命中的幸与不幸，与其说是取决于降临到我们头上的命运，倒不如说是我们如何面对它们，其意义取决于我们的感知。一个人是什么，他的内在，也就是他的性格及其衍生，是唯一能够直接影响到此人人生幸福的因素。任何其他因素都是间接的，其影响都可以被中和或抵消，但性格的影响却不能。这就是为什么对别人个人品质的羡慕和嫉妒是最难消化的，而且总是被小心翼翼地隐藏起来。

此外，在我们的全部经历和行为中，意识的构成永不缺席且长久存在；在生命的每时每刻，我们的性格都孜孜不倦地，或多或少地产生影响，而其他的影响都是暂时的，偶然的，转瞬即逝，且随机遇而变。故亚里士多德说："金钱易逝，而品格长存。"同理，我们更容易接受外界的劫难，却难以面对自身的不幸；因为时运可变，但品格不变。

所以，那些主观的幸福——高贵的品性、灵活的头脑、欢快的脾性、开明的心境和健康匀称的体态，才是人生幸福的第一要素，简而言之，就是"身体强健，灵魂高尚"；相比外界的财富和荣誉，我们应当更注重保持和发展这些内在品质。

在所有要素中，最能让我们直接感到快乐的莫过于愉悦的心境，这种心境本身就是一种即时的慰藉。一个开朗快乐的人总是能找到幸福的理由，实际上，他生而如此。再没有什么品质可以如此彻底地填补其他幸福的缺失。如果你听说一个人年轻、英俊、富有又受人尊敬，继而想知道他是否幸福，可以问问：他开朗吗？友善吗？——如果答案是肯定的，那他是年轻还是年老，姿态挺拔还是弯腰驼背，贫穷还是富有，又有什么关系呢？反正他已经很幸福了。早年我曾在一本旧书中读到这样一句话："如果笑得多，那你就是幸福的；如果哭得多，那你就是不幸的。"尽管这是老生常谈，但言简意赅，所以我从未忘却它。因此如果快乐来敲门，我们应该敞开大门迎接，因为它永远不会来得不合时宜；但其实很多时候，我们并没有那么做，总是有所顾虑。因为我们总想确保满足感来得有理有据，而担心这种愉悦的心情会干扰我们进行严肃反省和深思熟虑。快乐是直接而即时的，是幸福的直通货币，而不只是一张银行代发的支票；它能让我们立刻高兴起来，这对在永恒的生死间苦苦挣扎的渺小人类来说，已经是最好的福气了。我们努力追求幸福的最高目标，就应该是快乐。

现在可以肯定的是，之于快乐，最无所谓的要数财富，而最重要的要数健康。不正是在较低社会阶层的劳动人民，尤其是乡下人的脸上，我们看到了快乐和满足吗？而那些富人和高等人，不总是脸色沉郁、忧虑重重吗？

我们当尽力保持健康，因为健康的体魄是快乐之花的土壤。如何维持健康不必多说——避免放纵过度，避免激烈和消极的情绪，避免神经过度紧张，每天去户外运动，洗冷水澡，注意卫生防护等。缺乏日常运动的人没法保持健康；所有身体机能的正常运作都需要通过适当锻炼来维持，而且不仅是活动身体的某一部位，全身都要动起来。正如亚里士多德所说："生命在于运动"，运动是生命之本。我们身体的每个器官都在持续、高频地运动：心脏在复杂的双重收张运动中强劲且不知疲倦地跳动着，每二十八次跳动将血液通过动脉、静脉、毛细血管输送到全身；我们的肺部像蒸汽机一样工作着，从不停歇；肠道也在步履不停地蠕动；腺体不停地在吸收和分泌；即使是大脑，也随着我们的每一次脉动和呼吸进行着自身的双重运动。当人们无法进行任何锻炼的时候，比如许多不得不从事久坐工作的人，他们外在身体的静止和内部的躁动将会形成明显而致命的失衡。因为人身体内部片刻不停的新陈代谢需要通过一定的外在运动来平衡，如果这种渴求不能被满足，就好像情感不能被释放。一棵树要想变得枝繁叶茂也必须经过风的吹打。这条规则可用拉丁语言简意赅地表达：运动在于速度。

人生幸福究竟有多依赖于我们的精神，又多依赖于我们的健康状况呢？在我们健康和因伤病而沮丧困扰时，通过分别对比同样的外部条件所产生的影响，大概就能得知：让我们感到快乐或不悦的，并不是事物或其客观本质，而是取决于它们对我们的意义，取决于我们看待它们的态度。正如爱比克泰德[1]所说："人不是被事物本身所影响，而是被自己关于事物的看法所影响。"总的来说，我们的幸福有九成取决于健康。只要身体健康，一切都是快乐之源；没有健康，不管什么好东西都无法令人愉悦；即便是其他的优良品质——比如聪明的头脑和欢快的脾性，都将因为缺少健康而黯然失色。

所以当两个人见面时，首先问候对方的健康并表达祝福，这样的做法十分合理；因为身体健康的确是人生幸福最重要的因素。由此可见，世间最蠢的事要数牺牲健康去追求其他的快乐，不管是为了物质、前程、学问或者名声，更不要说是为了稍纵即逝的感官享受。这一切都应当排在健康之后。

不过虽然健康能很大程度上促进精神愉悦（这对我们的幸福也非常重要），但精神愉悦不完全取决于健康；一个身强体健的人仍然可能非常忧郁，甚至最终趋于悲观。根本原因无疑是与生

1 爱比克泰德（约50—约138），古罗马哲学家，晚期斯多亚学派主要代表之一。

俱来的，要归因于不能改变的生理构造，人的敏感性和肌肉、生命力有一定关联。过度敏感会造成精神上的不平衡，忧郁会占据主导地位，其间还有周期性失控的突发亢奋。所谓天才往往都是神经敏感的人；亚里士多德非常准确地观察到："在哲学、政治、诗歌或艺术上有杰出表现的人，似乎都是气质忧郁的。"基于此观点，西塞罗也常说："亚里士多德说天才都是忧郁的。"莎士比亚则在《威尼斯商人》中用如下几行文字非常巧妙地描述了这种人与生俱来的强烈差异：

自然造人，多么奇怪
一些眼中总是闪着精明和好奇
大笑着，就像风笛手肩头的鹦鹉
一些却总是愁眉苦脸
笑也就是撇撇嘴，牙齿都不露
尽管人人都觉得这是一个好笑话

这就是柏拉图所说的"开朗之人"和"抑郁之人"之间的差别，他指出，不同的人对愉快或痛苦所呈现的反应不同；这就解释了为什么让一些人感觉悲伤的事，另一些人却会觉得很好笑。

通常一个人对不悦的感知能力越强，对愉快的感知力就越弱，反之亦然。假如说一件事最后结果好坏的可能性均等，"抑郁之人"更倾向于为可能到来的坏结局而感到烦恼或悲伤，而不会想到事情也可能会往好结局发展，更不会因此而高兴。相反，一个“开朗之人”不会因为可能的坏结局而担忧或烦恼，而会往好的方向想，因而高兴。前者即使十件事里有九件做得好，也会因为没做成的那一件而郁郁寡欢；而后者即使只有一件事做成了，也能在其中找到慰藉并保持愉悦。但这里还有一个真理：世上没有绝对的坏事。抑郁焦虑的人所面对的苦难多源于想象，相比开朗之人所要承受的苦难，他们面对的苦难反而没有那么真实。因为若一个人本来就总是看到事物的阴暗面，并做出最坏预判且为此打算，那他便不会那么容易地对世界感到失望；而那些总是寄希望于光明面的人却相反。当一个天生抑郁的人受到神经疾病的折磨，或者生理上的消化系统紊乱时，这种抑郁的情绪可能会到达顶点，长期的不适会引发他们对生活本身的厌倦，可能会由此产生自杀倾向，即使是鸡毛蒜皮的一点小事也可能会触发这种倾向，甚至在最糟糕的时候，不需要特定的触发事件，人也可能会结束自己的生命，可能只是因为他已经无法再快乐起来了，便冷漠而坚定地做出了自己的选择。比如现实中被监护的一些抑郁者，他们时常急切地等候着一个无人看守的机会，当机会来临的时候，没有一点挣扎和犹豫，他会用时下最自然易得的方式来实现解脱。其实，即使是最健康甚至最开朗的人，在某些情境下可能也会寻求死亡以自我解脱，比如当他们遭遇某些不能避免的苦难，其痛苦或恐怖已经超越了他们对死亡的惧怕。

唯一的区别是，精神健康的开朗之人如果要自杀，相比抑郁之人，可能需要更高级别的痛苦来刺激。人越是悲观，就越容易自杀，甚至到最后，不需要任何外界苦难的刺激，他们也会放弃生命。但如果一个人性格开朗、身体健康，就只有最高的苦难才能让他产生自杀的念头。这两种极端的自杀情况之间存在鸿沟，一种源于先天抑郁的加剧，一种是健康乐观的人由于外在、客观的事而选择结束生命。

美貌是健康的一种体现，也可看作一项个人优势。准确地说，它不能直接影响我们的人生幸福，却可以间接地通过给他人留下印象来影响幸福；甚至对男人来说，也不可谓不重要。美貌是公开的推荐信，能使呈上它的人得到偏爱。正如荷马所说："人之美貌不可轻弃，唯有神祇可赐予。"

众多研究表明，人类幸福最大的敌人是痛苦和无聊。进一步说，当我们运气不错，能远离其中一项的时候，却也靠近了另一项。实际上，人生多多少少就是在这两者之间进行博弈。这么说是由于这两者互为双重对立，不管从外部或客观来说，还是内部或主观来说。贫瘠的环境和贫穷会孕育苦难；但同时，当一个人富起来的时候，又会感到无聊。同样，当下层阶级的人们在为物质需求，在痛苦中不断挣扎的时候；上流社会的人们也正与无聊陷入旷日持久的苦战。

内在或主观的对立源于个体对于痛苦的感知程度与对无聊的感知程度成反比，因为感知力有赖于精神力量。我来解释一下，对一个迟钝的头脑，没有任何外界刺激可以使它活跃，简而言之，无论是多么激烈或可怕的痛苦和焦虑，都是无法被感知到的。内心的迟钝就是灵魂深处的空洞，从很多人的脸上就能窥见，同时，这些人孜孜不倦地关注着外界鸡毛蒜皮的小事，也暴露了这种精神状态。这就是无聊的真正根源——对兴奋刺激的追求，他们打着这个旗号用一些无所谓的事排遣自己的内心和灵魂。这些人并不特别在乎自己做什么，无论是通过各种可悲的消遣来打发时间，还是加入他们所能理解的社交娱乐，如侃大山或者挤在门口窗边传八卦等。主要是出于精神的空虚，人们才会去寻求五花八门的社交、消遣、娱乐和奢侈享受，而这最终只会导致浪费和悲剧。能抵御这种不幸的，唯有内心的财富，因为内心越丰富，留给无聊的空间就越少。思想的乐趣取之不尽、用之不竭！在五彩斑斓的自我、自然现象中源源不断地获取新素材，还随时可以用它们进行新的创造——除了偶尔的放松，创造也能振奋你的精神，让你摆脱无聊。

但是，另一方面，这种高智力也根植于高度的感知力、更坚强的意志和更充沛的激情；这些要素合起来构成了更强的情感力量，具备这种力量的人对精神甚至肉体痛苦都更为敏感，对于障碍更为不耐烦，对干扰也尤其抗拒；所有这些倾向都会被想象力放大，包括他们生动的思想，以及其中较为负面的部分。这条规律适用于所有智力水平的人，从最普通的人到最伟大的天才。因此，无论从主观还是客观来说，人们更靠近痛苦或无聊中的一项时，也会相对地远离另一项。

另外，人的天性会让他尽可能地改造客观世界，使之与自己的主观相符；也就是说，他会尽最大努力规避可能遭受的苦难。比如，智者会不断寻求从痛苦和烦恼中获得解脱，追求宁静闲适，并最终过上隐世朴素的生活，尽可能少地与人往来；因此，在与人同行一段时间后，他会选择隐退，如果此人有大智慧，也可能会选择避世而居。一个人的内心越丰富，对他人的索求就会越少，实际上，他人能为他做的也很有限，这就是为什么高智商的人往往不善社交。确实，如果真的三个臭皮匠可以顶一个诸葛亮，那与凡人群居也未尝不值得；然而，不幸的是，一百个"臭皮匠"也比不上一个智者。

但对于天平另一端的愚人，他们刚从困境中解脱，就忙不迭地去进行世俗的消遣，不计代价，见到一个人就急忙凑上去，唯恐独处。因为当面对自己内心的一切的时候，他真正拥有什么就显露出来了；愚人们即使身着华服，还是会被自己的悲惨人格压得连连呻吟，而有才华的人即使身在荒原，也能在自己五彩斑斓的思维中找到生机。塞涅卡[1]宣称"愚蠢的包袱就是它自己"，好一句真理；耶稣在《德训篇》中所说的"愚人的一生比死还可怕"，也是这个道理。而且，一个善于交际的人通常智力不高或多少有些粗鄙，因为世上的人要么倾向孤独，要么倾向庸俗。

大脑可以被看作机体的寄生虫，靠着其他器官的救济，寄居在我们的身体里；而闲暇就是人们可以自由享受意识和个性的时

1 塞涅卡（约前4—后65），古罗马哲学家、戏剧家，晚期斯多亚学派主要代表之一。

间，是为生存辛苦奋斗换来的果实。然而，大多数人的闲暇时光都是怎么度过的呢？——要么无聊，要么充斥着感官享乐，或是各种愚蠢的念头。闲暇的价值取决于人们度过的方式，正如亚里士多德所说："无知者虚度时光，多么可惜！"普通人只会想着要如何打发时间，而有才华的人才会尽可能物尽其用。智力一般的人之所以更容易感到无聊，是因为他们的才智只是工具，需要意愿的驱动才会生效；每当没有特定的目标来驱动，他们就没有意愿了，才智也就放假了，因为他们的智力和意愿一样，需要外界的刺激才能生效。结果就是此人的一切能力就此惨遭喊停——简而言之：陷入无聊。为了抵消这种痛苦，人们便诉诸那些能让自己暂时开心起来的消遣，希望能够借此唤醒自己的意愿，激发才智；也期望后者会继而刺激动机的产生。比如，纸牌游戏就是为了这样的目的被发明出来，然而，与真实自然的动机相比，好比纸币遇到了货真价实的金银，它的价值不过是被随意赋予的。如果人们无所事事，那他们可能会玩玩手、敲敲桌子、晃晃腿；或者通过吸烟来替代脑力活动。不论在哪个国家，打牌都是一项重要的社交活动。这就是它的价值，大大方方地宣告着此处思想的破产。既然人们没有思想可交流，那就交流纸牌好了。真是愚蠢！但我并不想有失偏颇，如果说打牌有什么好处，那就是也可以把这看成为认识世界和为做生意所进行的准备，因为人们通过玩牌，可以学习如何聪明地利用偶发却必然的外部条件（这里指牌），并从中尽可能多地获益：为此，人们必须学会伪装，即使手气不好也不能表现在脸上。但也正因为这样，纸牌游戏并不道德，因为玩游戏时的全部目标，就是千方百计地去赢取本不属于自己的东西。一旦在牌桌上养成的这种习惯生根发芽，并延续到现实生活中，人们就会认为所谓“我的”“你的”这样的所有概念和在牌桌上一样，想方设法利用自己的优势去获取利益，只要不被法律抓住把柄就可以了。这样的事每天都在现实的商业交易中发生。闲暇是生活之花，或者更准确地说，是生存之果实，一个人只有在闲暇的时候才能真正拥有自己，只有内心富足的人，才是真正快乐的人。但大多数人都从闲暇中得到了什么呢？——唯有一无是处的自己，无聊至极，净添负担。所以，为自己感到庆幸吧，兄弟们，我们不是奴隶的孩子，我们是自由之子！

此外，正如最富足的国家自给自足，只需要很少，或根本不需要进口，最幸福的人内心往往也十分富足，不需要或很少需要依赖外界事物来维持自己的快乐。因为进口代价高昂，且暴露出自身的不独立，潜藏祸患和麻烦，而且，不管怎么说，进口的东西永远比不上本国产的质量好。人也不应该过多地指望他人或外界。每个人对他人的意义都是非常有限的：到最后，大家都是孤独的。重要的是，那个独立于世间的人是什么样的。歌德在《诗与真》第三章中说到这一真理：世间诸事，人最终只能靠自己。奥利弗·哥德史密斯[1]也在他的《旅行者》中吟诵道：

1 奥利弗·哥德史密斯，英国剧作家。

不论我们身在何方

幸福只能在自身找寻

一个人最好的发展或成就都要从自身寻找。人越是能够从自身寻找快乐，就越是幸福。正如亚里士多德所说："幸福就是自给自足。"

因为其他幸福的来源本质上都是不确定、不安全、不长久的，往往靠天吃饭；即使在最有利的条件下，也可能轻而易举地消耗殆尽，这是不可避免的。因为这些幸福并不总是触手可及。当人步入老年的时候，这些幸福之源必定面临枯竭——爱情逐渐消逝，人们不再热衷调笑，不再渴望旅行，觉得骑马没有意思，对社交也失去了兴趣；就连朋友和亲人，也会因死亡离我们而去。届时，人将前所未有地依赖内心世界，因为它永远也不会与我们分离；在人生的任何一个时期，内心都是唯一真诚持久的幸福之源。外部世界并不能给予我们什么，它被灾难和痛苦充斥着，而一旦人们逃离了这些，又时时面临着无聊的觊觎。更可怕的是，邪恶总能取胜，而无知的声音总是最响亮的。命运是残酷的，人类真可怜。在这样的世界里，一个内心富足的人好比圣诞时节里一座明亮、温暖、洋溢着幸福的屋子，将十二月寒夜里的霜雪挡在门外。因此，毋庸置疑，世间最幸福的事要数拥有富足的内心，这已经很稀有了，如果能再拥有良好的智力，就更完美了；这样的人生虽然不一定会非常成功，但已然是最幸福的。

笛卡儿[1]在荷兰隐居了二十多年，瑞典的克里斯蒂娜女王在十九岁时，仅仅从一些报道和一篇文章上对他有所了解，但她却对笛卡儿做出了充满智慧的评价："笛卡儿先生是世界上最幸福的人了，我非常羡慕他。"当然，要做到像笛卡儿这样掌握自己的生活和幸福，必须先有充足的外部物质条件；正如我们在《传道书》中读到的："智慧和家产同有是好的，得见天日的人获之有益。"一个被大自然和命运赋予了智慧的人，将会最急切，也最谨慎地去探索自身的幸福源泉；故而独立空间和闲暇时间都是必要的。为此，他愿意削减欲望，节省自己的资源，毕竟他已经不像其他人那样，依赖外部世界来获得快乐。因此，他不会为工作职位晋升、金钱或者周围人的掌声和赞许所误导，也就不会屈从于低级追求和低俗品位；正如贺拉斯给梅斯纳斯的信中所说：为了身外之物而牺牲内在，或者用自己全部或大部分的安宁、闲暇、独立去交换荣耀、地位、气派、头衔和赞誉都是愚蠢至极的。歌德便是这么做的，但所幸我走了相反的道路。

我在此所坚持的真理，就是人的幸福主要来自内在，可由亚里士多德在《尼各马科伦理学》中的观察来佐证：所有快乐都以从事某种形式的活动，或者使用某种能力作为前提，否则不能存在。亚里士多德认为人的幸福在于能够自由从事自己最擅长的事，斯托拜乌在阐述逍遥学派的哲学理念时也说道："幸福，就是充

1 笛卡儿（1596–1650），法国哲学家、数学家、物理学家。

满活力地做事，且无往不利。”他用了“充满活力”这个词，意指能够掌控任何事。大自然赋予人类这些力量，最初是为了让我们能够抵御来自四面八方的困难。然而，斗争一旦结束，这些闲置的力量就成为人的负担，必须通过工作或玩乐来释放——此处指完全漫无目的地滥用，只是避免自己陷入另一种近在咫尺的人生痛苦——无聊。上层阶级的富人们是无聊最大的受害者。很久以前，卢克莱修[1]就描写过他们的悲惨生活，今天看来依旧生动，每座大都市中都在上演：

富有的人们很少待在自己的房子里，待在家里令他无聊
但外面也没啥好玩的，他总要回家
或者他会着急忙慌地赶去乡下的别墅
仿佛那里的屋顶已着火
到那儿时他却哈欠连天
他或者沉沉睡去，忘记一切
或者还是急急忙忙回到城里，如来时一样

这样的人在年轻的时候一定有着过剩的体力和精力，但这些能力不像智力，不能长久地维持他们的“活力”；随着年纪的增长，他们要么完全失去了思维的力量，要么仅存的智力也不足以

1 卢克莱修（约前99—约前55），古罗马诗人、哲学家。

进行任何工作，处境悲惨。但是，他们仍然存有意愿，这是唯一取之不尽的力量了；所以，他们试图通过参加刺激的活动来激发意愿，如豪赌，这无疑是最糟糕堕落的活动了。但通常来说，当一个人发现自己无事可做时，他会选择去从事自己擅长的活动，比如，打球、下棋、打猎、绘画、赛马、音乐、玩牌，或者研究诗词、纹章学、哲学，等等。我们可以有条理地将这些爱好进行区分，最终可将它们归结为三种基础能力的外在表现，它们同时也是组成人体生理的三大要素。每个人都会依照自己的天赋，做出最适合自己的选择，不从目标性的角度，单纯从幸福来源的角度看待它们，可做如下分类：

第一类乐趣来源于生命力，包括吃喝、消化、休息和睡觉。在世界的某些地方，这类快乐的活动可以说是一种全民性的娱乐。第二类乐趣来自肌肉力量，比如，行走、跑步、摔跤、跳舞、击剑、骑马和其他类似的运动，这些乐趣有时以体育运动的形式来展现，有时是军旅生活，甚至实战。最后一类乐趣来自感知，比如，观察、思考、感受，或者对诗歌、文化、音乐、学习、阅读、冥想、发明创造、哲学等感兴趣。至于这些乐趣的价值、相对价值和长久性，可讨论的内容还有许多，在此，我留给读者去思考。但大家都能看到，当乐趣的力量来源越是高尚，人能从中获得的快乐就越多；因为快乐一定伴随着某种力量的使用，而所谓幸福其实就是快乐的叠加。不可否认的是，从这方面来讲，源于感知的乐趣相比其他两类，要更高级一些，因为野兽也拥有其他两种力量，甚至更为强大。人之所以区别于野兽，正是因为拥有更高的感知力。我们的精神力量其实就是各种各样的感知，有了感知力我们才能够享受思想带来的乐趣，也就是智力的乐趣；人的感知力越强，这种快乐就越强烈。

一般来说，普通人会对某些事充满兴趣，是因为他们的意愿被激活了，也就是说，这件事有关他的个人兴趣。但意愿不停地被激活也不是一件纯粹的好事,换句话说,这也会带来痛苦。比如，打牌这项全球通用的友好社交手段，就是这样一种刺激，它只是一种小嗜好，仅能产生轻微、片刻的刺痛，不会带来真实、长久的苦难。但纸牌游戏实际上只是隔靴搔痒，并不能真正满足我们的意愿。而一个人的智力越是发达，就越能摒除意愿的影响，从纯知识的角度对事物产生浓烈兴趣。这样的兴趣对他来说是必需的，可以给他一个远离痛苦、神圣安详的空间。

让我们来对比一下这两种人。芸芸众生的生活，漫长无趣，为了个人微不足道的利益而奋斗努力，同时还要对抗各种不幸；而当他们的目标达成，只能与自己面面相觑时，生活又只剩下难以忍受的无聊，唯有一把激情的野火才能将他们重新唤醒。而一个智力高超的人，有着丰富的思想，他的生命充满了活力和意义，只要一有机会，就会被各种有价值、有趣味的事物吸引，他自己的内心就是最高尚的快乐之源。他想要获得的外界刺激，是大自然的鬼斧神工，是古往今来的人文成果，而其中的奥妙也只有这样的人才能真正领略，只有他们具备这样的理解和感受力。也只有对他们，那些伟大的先贤才真正于世间存在过，具有强大的魅力，其他人无论是对先贤本身还是对其门徒的事迹和学说，都不过是听听而已，一知半解。当然，聪明人的这种特点也意味着他们比普通人有更多的需求，包括阅读、观察、学习、冥想、实践，简而言之，就是需要不被打扰的闲暇时光。伏尔泰所言极是："无所求，故无所乐。"一些人之所以无法感知另一些人的快乐，比如自然、艺术和文学之美，原因就在于此。将这些无意愿也无感知的人置于这样的"快乐"之中，好比期待着暮年之人坠入爱河。一个拥有这种天赋的人会同时拥有两种生活——个人生活和精神生活，而且，后者将逐渐被视为真正的生活，前者只是物质手段。但其他人却会将这种浅薄、空虚、困苦的生活当作终点。对智者来说，对精神生活的追求高于一切：通过洞察力和知识的持续增长，他的精神生活会像一个慢慢成形的艺术品，具有连贯性、持久性和统一性，而且日渐完美。相比之下，那些追求个人享乐的生活或许在广度上也有空间，但其深度实在难以挖掘，食之无味：正如我先前所说，普通人就是将这样的基本生存当作了人生的最终目的。

日常的生活，如果不被激情驱动，将是乏味而平淡的；然而，一旦它被激情调动起来，却又是充满痛苦的。那些独处也能很快乐的人，得益于智慧的天赋，这不仅足以驱动他们的意愿，还能让他们过上不受苦痛侵扰、妙趣横生的精神生活。但如果仅仅拥有闲暇，也就是智力没有被意愿所占用的那些时间，尚不足够：

必须有真正富余的力量，完全从意愿的驱使中解放出来，完全投入智力。正如塞涅卡所说："闲着而不去研究学问，与死亡无异。"智力的富余程度不同，第二人生，或者说精神生活，也会有各种发展。可能只是喜欢采集和收藏昆虫、飞鸟标本，或者是收藏石头、钱币，也可能是更高的成就，比如，研究诗歌和哲学。精神生活不仅可以抵御无聊本身，也能消弭无聊带来的消极影响。它让我们远离狐朋狗友，远离各种危险、不幸、损失和奢靡，而那些完全依赖外部世界来获取幸福的人，则无法避免这些。比如，我的哲学，虽然没有直接给我挣过一分钱，却让我避免了许多不必要的开支。

普通人将自己的人生幸福寄托于外物，比如财富、地位、妻儿、朋友，所以当他失去这些，或者这些东西不能尽如其意的时候，幸福的根基就倒塌了。换句话说，他生活的重心并不是自己，总是随着时易世变而变化。如果他很有钱，那今天他的重心可能在城里的豪宅，明天又想买几匹马，或者想开个派对，转而又想去旅行——简而言之，就是过着奢侈的生活，这就是因为他只能从外界获取幸福。就像一个人失去了健康和力量，就想要通过药品来重新获得，却未曾想激活自己的生命力，这才是他所求之物的真正来源。在讨论另一种完全相反的类型之前，让我们来看看比较中庸的一种人，这种人虽然没有非常杰出的智力，但比愚蠢的人还是要聪明一些。他可能会对艺术产生一些业余兴趣，或者会对某些科学分支投入精力——比如，植物学，或物理学、天文学、历史学，并在研究中获得极大的乐趣。当外界的幸福之源枯竭或不能满足他时，他就会通过这些来愉悦自己。这样的人可以说已经把部分重心放在自己的身上。但仅仅对艺术有业余爱好，还是和实实在在的艺术创作很不一样的；而对科学的业余追求也仅仅停留在表面，不能接触问题的核心。他不能在这种追求中完全找到自我，这些爱好也不足以填满他的生活，完全屏蔽其他事物。唯有最高的智慧力量，也就是我们所说的“天才”，才有这种强度，能一生都致力于同一个主题，努力去表达对世界的独特认知，将生命本身作为永恒的主题，不管在形式上表现为诗歌还是哲学。因此，能不受干扰地潜心于他自身的思索和作品，对这些人是一种迫切的需求；他们拥抱独处，闲暇更是上佳的恩赐，除此之外，都是不必要的甚至是负担。

可以说，只有他们是真正把重心放在自己身上的人。这或许解释了为什么屈指可数的这些人，不管性格多好，对朋友、亲人，以致广义的社会，都不会过于热情或好奇，而普通人却经常如此。因为如果他们本来就只有自己，那就不会因失去外物而沮丧。所以，他们性格独立，并且，实际上他人从不能真正让他们感到满意，因为这两种人总体说来截然不同。这种差异让他们渐渐习惯了成为人群中的异类，当指代人类整体的时候，他们更倾向于说“他们”，而不是“我们”。结论就是那些天生拥有才智的人是最幸福的。同时，主观事物对我们的影响大于客观事物，无论是哪种客观事物，都只能产生间接的影响，并且，只能以前者作为媒介，正如卢西安[1]所说："灵魂的财富是唯一真正的财富，其他任何的财富都弊大于利。"一个内在富足的人对外界别无所求，除了一份不被打扰的闲暇时光，以发展他自己的才能和智慧，也就是"享受"他自己的财富。简而言之，他只希望能够做自己，每一天、每一小时，终其一生。如果他注定要在人类历史上留下自己的精神印记，那么他的幸福与不幸只有一个衡量标准——能否完全发展自己的才能，并完成作品，其他一切都没有什么意义。相对的，古往今来所有的智者都对闲暇时光推崇至极，其价值比肩他们自身。"幸福就在于闲暇"，亚里士多德如是说。第欧根尼·拉尔修[2]则写道："苏格拉底称赞闲暇是最宝贵的财富。"在《尼各马可伦理学》中，亚里士多德进而总结道："奉献于哲学的一生是最幸福的"；他也在《政治学》中说："只要人能够自由地使用力量，不管是哪种力量，都是幸福。"这与歌德在《威廉·迈斯特》中的阐述一致："拥有天赋才能之人必定要使用它，并从中获得至高幸福。"

但拥有一段不被打扰的闲暇时光，对于普通人来说却是遥不可及的；这本不符合人性，因为普通人的命运就是用一辈子来为自己和家人获取更多生活所需，他们尚在物质需求中挣扎，更不要谈去追求自由的精神幸福。

这些人通常很快就会对闲暇感到厌倦，如果不能找到一个假

---

1 卢西安（约120—190），古罗马思想家。

2 第欧根尼（约200—约250），古希腊哲学史家。

的或者强迫性的目的来驱动他们，比如，玩乐、消遣和各种爱好，闲暇就会成为他们的负担。因此，闲暇充满了潜在的危险，“保持安静是件难事”，如果你无所事事，就很难保持安静。但从另一方面来说，由于智者的举动超乎寻常，他们在常人看来就是不自然、不正常的。但他们往往是幸福的，并渴望拥有对常人来说沉重且无益的闲暇时光；没有闲暇，他们就是被缰绳束缚的灵感之神珀加索斯[1]，开心不起来。倘若外部和内部这两种不寻常的境况恰巧发生在同一人身上，同时拥有闲暇和智慧，那真是太幸运了；命运如此青睐他，他将可以享受更高层次的生活，免受两大人类痛苦之源——苦难和无聊的侵扰，不用为生活苦苦挣扎，也不必忍受漫长的无聊（这也就是自由存在本身）。只有当两者中和的时候，人才能摆脱这两个魔鬼。

不过还有一些相反的观点。伟大的智慧从本质上意味着超乎寻常的感知力，因此，这些人也对各种形式的痛苦更为敏感。而且，拥有这样天赋的人往往更容易紧张。伴随着超高的智力，他们总是有很多奇思妙想，从而情感更为强烈，有着普通人所不能及的激情，而在这世间，痛苦之源总是多于幸福之源。高超的智慧总是会让拥有它们的人逐渐疏离其他人和事，因为一个人的内心越是丰富，对外界的索求就越少；能让常人感到快乐的诸

1 希腊神话中美杜莎与海神波塞冬所生的飞马，相传这匹飞马在赫利孔山上踏过时踩出了灵感泉，诗人饮之可获灵感，也被视为文艺、科学女神缪斯的标志。

多琐事，对他们来说只是肤浅而无味的。但此处再一次应验了无处不在的“补偿法则”。正如老生常谈：愚者常乐，虽不足为羡。关于这一点，我想让读者自己判断。索福克勒斯[1]就给出过两种截然相反的观点：一方面，他说，幸福首先在于智慧；但是，在另一方面，他又宣称愚者才是最幸福的。《旧约》里的先哲们对此也颇有争议，他们说，愚人的生活比死亡更可怕；但在别处又说，人有多聪明就有多忧伤，越是多识，越是悲伤。

但要我说，一个没有精神需求的人，由于其才智平平，严格来说就是“庸人”——这起源于德语的俗话，在大学中作为骂人话，后来逐渐上升到高级的语境中，指代此人没有艺术天分，并非“缪斯之子”。正所谓：落地为庸人，一生不免俗。我倾向于站得更高一些，说“庸人”就是忙于虚假现实的人。但这种定义有点太抽象，不易理解，不适合现在这部通俗的作品。还有一个更容易阐述的定义，也能基本涵盖这个词所指的那些品质：没有精神需求的人。由此，关于自己，他没有精神乐趣，正如先前说过的，无所求，故无所乐。“庸人”的一生，既不为了自己追求知识和见识，也不去体验触手可及的真正的审美乐趣。即使因为这种乐趣很时髦，“庸人”强迫自己附庸风雅，也不可能真正对它产生兴趣。他唯一的幸福之源是感官的享乐，并把它当作其他不足的补偿。对他来说牡蛎和香槟就是生活最好的享受了，因为生理的

1 索福克勒斯（约前496—前406），古希腊三大悲剧家之一。

享乐就是他的人生目标。如果是这些事情给他添了麻烦，他反而很高兴呢！但要是真的过上了穷奢极欲的生活，他又不可避免地会感到无聊，为了抵抗无聊，只好寻求各种空虚的补救办法：舞会、戏剧、纸牌、赌博、赛马、女人、美酒、旅游等，但这些都不能让他免于无聊，因为如果没有真正的精神需求，就不可能获得真正的快乐。“庸人”的本质特征是愚蠢、无趣，就像野兽一样。没什么能让他们真正高兴起来，或者兴奋起来，也没什么能让他们感兴趣，感官之乐转瞬即逝，由“庸人”组成的世界将很快变得不堪忍受，甚至连打牌也令人厌倦。不过的确，他们还有由虚荣带来的快乐，他们要么享受着在物质财富或社会地位上高人一等的优越感，要么以能使唤和用权力影响他人为荣；抑或跟在这些非富即贵的人后面，因此扬扬自得——也就是所谓的“势利小人”。

基于“庸人”的特质，因为他没有精神需求，只有生理需求，也就只和能满足后者的人为伍，不会与前者交朋友。要说他最不想从朋友那里得到什么，可能就是思考的能力了，如果不巧遇上，也只会让他反感甚至仇恨；因为这除了使他感到自卑，在他内心深处，还会生出一些愚蠢的嫉妒，甚至他自己都没有意识到这一点，有的时候这种心绪还会发展成一种隐秘的怨恨。尽管如此，他也绝不会生出要提升自我思考或价值的想法；他会继续沉溺于社会地位、财富、权力和影响力，这些对他来说才是世界上真正的好东西，而且他们期望能在这些方面高人一等。所有这些都是因为他天生没有精神需求。“庸人”之苦在于他们对理念性的事物没有兴趣,要逃避无聊,他们只能不断地向物质现实索求。然而,现实要么不能满足他们的需求，要么危险重重。当他们最终失去兴趣，他们就会变得疲惫不堪。但思想的世界是取之不尽、平静祥和的，正如雪莱所说，“是出离人类悲伤的远方”。

第三章　财富，人所拥有的

伟大的“幸福学导师”伊壁鸠鲁将人的需求分为三类，十分恰当。第一类是自然和必要的需求，缺少它们的时候，就会产生痛苦，比如，对食物和衣物的需求，它们相对容易满足。第二类是虽然符合自然天性但并不必要的，比如，某些特定的感官满足。在这里我补充一下，根据第欧根尼·拉尔修的报告，伊壁鸠鲁没有提及具体是哪些感官；所以，我对他学说的解释在某种程度上是更明确的。这第二类需求要难以满足一些。第三类需求既不是自然天性，也不是必要的，就是对骄奢淫逸、铺张炫耀的需求，永无止境，最难满足。

要合理地把人对财富的渴望规范在一个限度里，是很难的，几乎不可能；因为多少财富能让一个人满足，没有绝对的标准。这个数量总是相对的，也就是在某人想要的和他实际获得的两者之间保持一个平衡。如果只用一个人已经拥有什么来衡量他的幸福，而不考虑他的渴望，无异于讨论一个只有分子而没有分母的分数，是没有意义的。如果从未有过念想，人就不会感到有所失去；没有这些也照样快活；但人即使拥有成百成千的好东西，还是会为求而不得的那一件而倍感忧愁。其实，人人都有自己的视野，他会渴望那些自己看来有可能得到的东西。如果在他看来，自己非常自信、有能力可以得到某样东西，他就是幸福的；而如果途中受阻，就会难过。视野之外的事物对他是没有影响的。这就是为什么穷人不会对富人拥有的巨额财富愤愤不平，同时富人反而会觉得这些还没有到达自己的期望，并不能从已经拥有的财富中获得慰藉。财富就像海水，越喝越渴；名气也是这样。如果一个人失去了自己的财富，在难过一阵子之后，他往往会变回之前的脾性；这是因为当命运减少他的财富，他就立刻对应地降低自己的期待。面对不幸，其实降低期待才是最痛苦的；不过一旦我们这么做了，痛苦就会越来越少，直到完全消失，就像伤口愈合。相反的，当好运降临，我们想要的会越来越多，也没有什么可以加以调控；乐趣就在于这种欲望增长本身。但这种快乐持续不了多久，当欲望不再膨胀，快乐也就戛然而止；我们对不断索求习以为常，继而逐渐对眼下能满足这些欲望的财富也无动于衷。《奥德赛》中有一段阐述了这个真理，下面我引用其中最后两句：

思想之于凡人，就像天神赐予的时日一样捉摸不定。

一旦渴望的物质财富不能得到，人在不断索取的过程中，就会变得越来越不满。

当我们理解人类是这样一个充满欲望，并以此为生存基石的族群时，就不会惊讶于财富的地位，它比世界上任何事物都更被人类尊崇，更被引以为光荣，也不会奇怪为什么赚钱被当成了人生的唯一目标，而其他任何不能为之做出贡献的事情都会被丢弃在一旁——比如，哲学。人们常常因为把赚钱看得比任何事情都重要而被指指点点；但这就是人的天性，人不可避免地会爱上金钱，因为它就像不知疲倦的普罗透斯[1]，随时都能摇身一变成为任何他们想要的东西，满足他们当下各式各样的愿望。别的东西都只能满足一个愿望：比如，食物，能让你不再饥饿；美酒，能让你享受醇美；药品，能为你治病；皮草，能抵御寒冬；爱情，能致敬青春，等等。只有金钱是绝对的好东西，因为它不只能满足单一的特定需求。它无所不能。

如果某个人拥有独立的财富，就应当把它看作是一个抵御邪恶和不幸的堡垒；而不是用它来享受尘世的快乐，或是觉得自己必须将它挥霍一空。那些出身并不好，但凭借施展自己的才能致富的人，都觉得才华才是他们的资本，而他们赚到的钱只是利息而已；他们不会想着要将一部分钱存起来变成固定资本，而是赚多少花多少。因此，他们常常陷入穷困；如果他们的才华因过时而枯竭，这些人的收入就会减少，甚至完全破产。这经常发生在艺术家身上，发生在当一些特定技能不再被需要的时期。没什么能阻止普通的劳动者用工作酬劳来犒赏自己。因为他们的技能不太可能会消失，即便真的消失了，他们也能用类似劳动来替代，而且他们做的这些事往往总是有需求。老话说得好，一门好手艺

1 普罗透斯，希腊神话中的海神，经常变化外形使人无法捉到他，有预知未来的能力。

就是一座金矿。但对艺术家或者是各领域的专业人士来说，情况就不一样了，而这恰恰是他们拿高薪的原因。他们本该用自己的收入积累一些资本，却只是把它们看作是自己才华带来的利息，结果落得下场凄惨。而另一方面，有钱人家的继承者们至少还知道如何区分资本和利息，他们大多还是会尽量保障自己的资本安全，不会去花；如果可以，他们会把八分之一的利息存起来，以备未来不时之需。所以，他们大多还是能够维持自己的地位。以上关于资本和利息的说法不适用于商业，因为对商人来说，金钱只是用来挣钱的工具，就好比工人的工具；即使他们的资本完全来自自己的努力劳动，他们还是会通过对钱的良好使用来保存和增加它，所以商人阶层比其他任何阶层的人都富有。

通常那些亲身经历过贫穷的人，相比只是对贫穷有所耳闻的人更不惧怕它，从而更会倾向于奢靡浪费。实际上，相比突然走运而一夜暴富的人，那些出身良好的人往往会更谨慎地考虑未来，更加节俭。如果远远地看，贫穷貌似不像疾病那样可怕，但其实，对于一个生来富有的人，财富就像空气一样，离开了就不能存活。所以，他守护财富，就是在守护自己的生命，自然而然地他就更爱秩序、谨慎和节俭。而一个生而贫穷的人，却把财富看作平常事物，一旦走运赚到了钱，他就觉得是额外获得，应该享受一番或者挥霍掉，因为即使花完，最多就是变回和以前一样，烦恼还更少了，就像莎士比亚在《亨利六世》中说的：

一句真理，乞丐得马，骑死算数。

但必须说一句，这些人对命运和自己赖以为生的手艺有一种坚定甚至过度的信任，他们不仅脑子里是这么想的，内心也是这么坚信的。所以，不像那些生来富有的人，他们不将贫困看作无底洞，而是相信自己有一天可以爬出来，再次翻身。人性的这个特质就解释了，为什么那些出身不好的女人在结婚后，往往比那些能给夫家带来丰厚嫁妆的女人要求更多、更为奢靡。因为有钱人家的姑娘不只带来了财产，还带来了比穷人家女孩更多对财富的渴望，更多从父辈继承来的守护财富的本能。如果有人质疑这种说法，还觉得事实应该恰好相反，就可以在阿里奥斯托[1]的第一篇《讽刺诗》中找到根据；但同时，约翰逊博士[2]赞同我的观点："一个富有的女人习惯掌控金钱，就会花得更明智；而一个通过婚姻才第一次掌握财富的女人，会沉迷于此，花得大手大脚。"所以我要奉劝那些娶了穷人家女孩的男人，不要让她们掌握资本，只给她们利息即可，而且尤其要注意不要让她们管理孩子继承的财产。

我提醒人们要小心保护自己辛苦赚取或者继承来的钱，这绝不是在浪费时间。因为如果从生活的一开始我们就能够尽可能独

1 阿里奥斯托（1474—1533），意大利诗人。

2 出自《博斯韦尔的约翰逊生平记录》（*Boswell's Life of Johnson*），记录了约翰逊博士的一些语录。

立，也就是不用工作就能生活得非常舒适，即使只是自己一个人，也是莫大的优势了，更不要说整个家庭都如此。这意味着他们免疫于贫穷这项“慢性疾病”，而后者就像瘟疫一样桎梏着人们的生活。这就说明他们已经从与生俱来的劳动枷锁中解放出来。只有得此眷顾的人才能说他生而自由，或者更准确地说，是一个“自由人”，能够掌控自己的时间和力量，每天早上都能对自己说：“今天是属于我自己的。”同样，收入一百块的人和一千块的人之间的差距，要远远小于前者与身无分文的人之间的差距。但当一个具有极高精神力量的人继承了家产的时候，财富就能最大限度地发挥出它的价值，他将走上一条与赚钱养家截然不同的道路；因为他得到了命运双倍的眷顾，可以靠着自己的天才而活，他将为人类做出百倍于常人的贡献，达到别人无法企及的高度，致力于造福全人类的事业，为整个人类社会带来荣光。他们可能将自己的财富投入慈善事业，为同胞们做出更多贡献。如果一个人出身富裕，却没有做以上任何一件事，甚至连试都不试一下，也不去学习任何一门学科的基础知识以求推动它的发展，那他就只是一个懒汉、偷时间的贼，让人鄙视。他甚至并不幸福，因为对他来说，衣食无忧给他带来了人类的另一项痛苦——无聊；这折磨堪比死亡，倒不如让贫穷给他找点事做。而且，由于无聊他会去挥霍，渐渐就会失去财富这项优势。数不清的有钱人都会这样，当他们有钱的时候他们挥霍无度，只是为了从无聊中暂时解脱。

第四章　地位，他人的评价

1

由于人性本质的弱点，人们通常太过在意他人对自己的看法，即使实际上从各种蛛丝马迹都可以看出，这些看法与我们的幸福没有太大关系。这就很难理解为什么当知道别人对我们评价不错，或者听到了几句奉承话，我们都会感到开心。其实，如果你抚摸一只猫，它就会发出呼噜呼噜的声音。同样地，如果你夸奖一个人，他的脸上就会浮现出愉快的表情，即使那只是一句显而易见的吹捧，只要你夸在了他的心坎上，那都来者不拒。如果一个人倒霉透顶，或者不能从前文提到的两大幸福之源中获取太多快乐，那他只能在别人的赞美中寻求一丝慰藉了。而且，令人惊讶的是，即使自己完全没有问题，一个人也会因他人伤害到自己的自尊，或者感到被贬低、轻视、怠慢而恼怒，甚至深感痛苦，无论起因、程度、具体情况如何。

对人的自然天性来说，荣誉感作为道德的替代品，可能会对人的福祉大有益处；但对于人生幸福来说，尤其是对于至关重要的内心的平静和独立，荣誉感就说不上有好处了，反而不如说是一种打扰和成见。由此，建议大家对这种弱点加以约束，适当考虑其相对价值，调整对他人意见的敏感程度，不管是奉承还是伤害，都要同等对待，否则人就会沦为被他人看法左右的奴隶，“一颗渴求表扬的心，最容易被玩弄”。

对比一个人的内在和他在别人眼中的价值，对我们理解幸福很有好处。前者涵盖了人的存在及其构成，一切真正的优势都可以纳入性格和财产的范畴；而这些都发生于人自身的意识领域。而别人是怎么看待我们的，发生于他人的意识中，是我们投射在他们眼中的样子，这个过程伴随着各种想法的产生。但这些都不能对我们的存在产生直接和即刻的影响，只能间接地通过他人的行为表达出来，而且即便如此，也只在这些信息让我们对自己的内在产生动摇的时候，才会产生效果。除此之外，他人的看法与我们毫无关系；大多数人的思考是多么肤浅而徒劳，他们的观点是多么狭隘，脾性多么小气，意见多不靠谱，多么自相矛盾、错误百出。根据经验，你就知道当一个人并不害怕对方，以为自己说的话永远不会传到对方耳朵里的时候，会如何在背地里恶毒地嚼舌根。当我们了解这些时，就不会太把他们的看法当回事儿了。如果你有机会看看那些无知者是如何轻视、贬低伟人的，就知道其实在乎他们的看法，反而是太过看得起他们了。

无论如何，如果一个人不能从自身的性格和财富这两处得到幸福，而需要在别人的看法中去寻找，那就太糟糕了。因为我们天性的基础是体魄，这也是幸福的基础，所以，人生幸福最要紧的因素就是健康，其次是维持自身独立和免于忧愁的能力。这些关键要素是表面的荣誉、面子、地位和名声所不能比的，也是无法由后者来弥补的，不管人们把后者看得多么重要。如有必要，人人都会毫不犹豫地用后者去换取前者。为了幸福，我们应该及时明白：每个人都只真正存在于自己的身体中，而不是他人的评价里。因此，我们自己生活的实际情况——健康、性格、能力、收入、朋友、家庭，这些对于我们的幸福来说要比他人怎么想重要百倍；若非如此，我们将多么不幸。假如有人坚持认为荣誉比生活重要，那么他其实就是说与他人的看法相比，生存本身和幸福生活不值一提。当然，这可能说得比较夸张。简单的真相是，如果我们想要在这个世界里取得成功、名誉，也就是他人的看法，还是必不可少的；关于这点我一会儿再说。

我们看到人们毕生不遗余力，历尽千辛万苦所追求的，几乎不过是为了提升他人对自己的评价；我们发现人追求职位、头衔、光环，甚至财富、知识、艺术，都只是为了最终能获得别人更大的尊重——这不正证明了人类的愚蠢吗？过分看重他人的想法是一个随处可见的谬误，它可能根植于人性，也可能是整体文明发展和社会秩序的结果。但不论来源为何，这对我们的行为都造成了过度的影响，对我们获取人生幸福不利。别人的言语会令人胆怯与盲从，所以维琪涅斯[1]才会把匕首刺进自己女儿的胸膛，才

1 维琪涅斯，公元前5世纪时的罗马平民，其女维琪妮娅被执政克劳狄厄斯计陷奸污；维琪涅斯不忍视其忍辱偷生之痛苦，亲手将女儿杀死。

会有这么多人为了追求荣耀甘于牺牲自己的宁静、财富、健康甚至生命。当然对于那些能掌控或指挥别人的人来说，这不失为一种非常便利的工具。由此，我们也可以发现，在所有驯服人性的阴谋中，对荣誉感的维持和强调总是非常重要。但对人的幸福来说就完全不同了，而这才是我们的目标。所以，我们应该谨慎地提醒人们，不要过于在意别人的看法，但日常经验告诉我们，这恰恰是人们一直在犯的错误：大多数人都非常看重别人的想法，甚至超过对自我意识的关注，而后者才能产生直接和即刻的效果。他们颠倒了自然次序——把别人的想法当成了真实，而把自我意识当成附属品；把衍生的、次要的东西当作主要，相比真实的自我，更看重世人眼中的形象。他们妄想从不直接、非即刻的存在中获得直接而即刻的结果，真是愚蠢至极，这就是我们所说的“虚荣”——这个词非常恰当地表达了没有实在和内在价值的含义，就像守财奴，这些人被欲望驱使，忘记了自己的根本目的。

其实，我们过分看重别人的看法，为取得好名声不懈努力，与我们实际获得的回报可能并不相称，这几乎可以被看成是人类与生俱来的一种群体性狂躁。不管我们做什么，首先想到的都是别人会怎么说，生活中几乎一半的烦恼都源于此。所谓自尊心归根结底就是源于这种焦虑，它十分敏感、几近病态，非常容易受到负面影响。我们的虚荣、骄傲，以及炫耀和自大都源于对别人看法的在意。没有这些，世界上九成的奢靡浪费会不复存在。任何形式的傲慢，无论其形式和情境如何，都没有任何实际意义，都只是对他人看法的焦虑而已，但这个代价却是巨大的！即使在孩子身上也可能会有这种情况。它贯彻人生的每个阶段，但在老年时是最为明显的，因为对感官享乐的感受力减退了，虚荣和骄傲就只能从贪婪中发泄。法国人可能是这方面典型的例子了，这几乎是他们的流行病，他们对此习以为常，有时候表现为极其荒诞的野心，有时候表现为民族虚荣心，有时候是最不知羞耻的自吹自擂。但这都是无用功,别人都戏谑他们是一个“伟大的民族”。

为了进一步阐述这种过于在意他人看法的情况，我将引用1846年3月31日《泰晤士报》中的一段故事，其中详细报道了托马斯·威克斯的死刑执行，他是一个学徒，为了复仇谋杀了自己的师傅。虽然是一个不太寻常的背景，人物性格也比较极端，但很适合用于说明这种深深根植于人性的愚蠢可以发展到什么地步。根据报道，在行刑的那个早晨，监狱的牧师很早就来了，以便他忏悔祷告，但威克斯反应平淡，对此毫无兴趣，只是非常在意要如何在围观群众面前表现得“勇敢”一些。在走上行刑台的过程中，威克斯表现得轻松欢快，仿佛是走进礼拜堂，并且对靠近的群众大声喊道：“现在，就像多德博士说的，我就要去揭晓那个伟大的秘密了！”这个可怜的家伙不依靠任何搀扶自己走上了脚手架，并在要走到中间的时候，对观众们鞠躬两次，在那些无知的围观者中引起了巨大的欢呼。

真是令人惊讶，一个人在生命即将结束，面对最可怕的死亡的时候，在意的只有看热闹的人会怎么看自己，以及在他死后这些人会怎么想自己。类似的还有勒克普特，他在1846年于法兰克福被执行死刑，罪名是刺杀国王。审判的那天，他因为不能衣着体面地出现在上议院而发火；而在行刑的那天，不被允许刮胡子让他倍感忧伤。这种情况也不是最近才出现的，马泰奥·阿莱曼[1]在他的名作《古斯曼·德·阿尔法拉切》的引言中说道，许多昏了头的罪犯，在生命的最后一刻也不去忏悔灵魂，而是忙着准备脚手架下的慷慨陈词。

我觉得这些极端案例为我之前的阐述提供了很好的例证，它们最大限度地展示了人类的本性。所有人的焦虑、担忧、烦恼、麻烦、不安和费心，很大程度上都来源于担心别人会怎么说。这样的话，其实我们和那些可悲的罪犯一样愚蠢。嫉妒和仇恨通常也来源于此。

那现在就很明显，既然幸福在很大程度上是源于心灵的平静和满足，那么为此我们应该削减人类的自然冲动，并将其控制在一定范围内——比如，现在的五分之一。这样我们应该就能拔除那根带来苦难的肉中刺。因为这种冲动是与生俱来的，是自然人性的内在畸形。塔西佗[2]说："智者也难以舍弃对名声的追求。"要结束这种愚蠢行径，唯一的办法就是充分认识到其愚蠢，认识到人们脑海中大多数的想法都是虚假的、一厢情愿的、错漏百出

1 马泰奥·阿莱曼（1547—1615），西班牙流浪汉小说家，开创了自己的独特风格。

2 塔西佗（约55—约120）,古罗马历史学家。

的、荒谬的，故而不值得关注。而且，在生活的绝大多数情形和事件中，别人的想法很少能对我们产生真实而积极的影响。人听到这些想法，或者别人说话时的语气，实际上只会加剧担忧。最后，相比其他，我们需要明白荣誉本身并不带来直接价值，只带来间接价值。如果人们能够慢慢从这种普遍的愚蠢中转变过来，那他们将会获得难以置信的心灵提升和愉悦；人们将会以更坚定、更自信的姿态对待世界，行为举止也将逐渐摆脱尴尬和束缚。由此可见，退休隐居的生活对于我们获得心灵的平静大有好处，因为那样我们就不用持续生活在别人的目光中，也就不必在意他们的评判；简而言之就是，回归了自我。同时，我们也不必去追求那些虚无的东西，不必沉溺于愚蠢之中，从而避免遭受不幸；那时，人们会更多地关注现实，享受现实，免受现在的诸多侵扰。但正如俗话所说："值得的事，往往难做。"

2

这里讨论的，人类天性的愚蠢又有三个分支：野心、虚荣和骄傲。后两者的不同在于：骄傲是指坚信自己在某些方面具有重要价值；虚荣是想让别人觉得自己有这种价值，而且通常自己暗地里也对此有所期待。骄傲是从内部做功的，是对自己的直接欣赏。而虚荣是希望能从外部间接获得这种欣赏。所以，我们会发现虚荣的人都很健谈，而骄傲的人通常沉默寡言。但前者其实应该意识到，即便他真的有很好的内容要说，相比夸夸其谈，或许沉默更能获得别人的好感。那些想要装得很骄傲的人反而本身并不骄傲，而且就像所有想要伪装自己的人，他早晚会放弃。

只有当一个人坚定且毫不动摇地相信自己拥有超群的特殊价值，才能被真正称得上是骄傲，当然这种坚信也可能是出于某种误会，或是不同寻常的性格使然。但只要是真正的、热切的信念，就毫不逊色。因为骄傲扎根于信念，所以和所有知识一样，不由我们的主观决定。骄傲的基础是既存的对自己的肯定，它最大的敌人，即最大的阻碍，就是虚荣，为了获得对自己更好的评价而去迎合外界的喜好。

确实，骄傲的人会容易被挑刺、被起哄，而且我觉得大多是被那些没什么可骄傲的人如此对待。鉴于大多数人厚颜无耻和肆无忌惮，那些自身有优势的人如果不想就此被遗忘、被埋没，最好自己时刻注意、提高警惕，因为性情善良的人会倾向于忽视自己的优势，而与那些平庸之辈混在一起，仿佛和他们一个水平，而那些人也会理所当然地认为他如此。我特别要提醒那些最具优势的人：真正的优势、最纯净的个人品质，不像荣誉勋章或者头衔，不会时刻都让人明显注意到。他们会发现，过于随和反而会滋生轻蔑。正如罗马人所说："蠢人教育智者"；一句精彩的阿拉伯谚语也说道："与奴隶调笑，他很快就会蹬鼻子上脸"；同时也不要忘记贺拉斯说的："该是你的名声，就要去争夺"。毫无疑问，当谦虚被看作一种美德，愚人其实是受益者，因为每个人为了谦虚都得把自己说成无知。这实在是种退步，就好像全世界的人都无知似的。

最廉价的骄傲是民族自豪感；因为如果一个人是因为自己的国家而自豪，那就说明他自己本身实在是没什么值得骄傲的，否则也不用拿这件与千百万人共享的东西来说事儿。一个具备关键个人品质的人，更能清晰地看到自己国家的缺陷。但对于一个没什么好自豪的愚人来说，也只有以自己的国家为荣来当作救命稻草了；他也时刻准备着用自己的全部力量来捍卫自己国家的错误和愚蠢行径，以此来弥补自己的自卑。比如，当你公正地指出英国人愚蠢和偏激的一些行径，五十个英国人中可能只有一个会表示赞同，而这个人一般是个聪明人。

德国人没有所谓的民族自豪感，正说明他们非常诚实，正如大家所知道的那样。不诚实的是那些虚情假意假装爱国的人——“德意志兄弟”和那些政客，煽动人民的情绪以误导、利用他们。利希滕贝格问：“为什么没什么人假装德国人，如果他们要装，也会装成法国人或者英国人呢？”无论如何，人的个性永远都比国民性更为重要，在任何情况下都应该首先考虑人的个性。既然不能脱离群众去谈论国民性，那就无法在高声赞颂祖国的同时保持诚实。“国民性格”只是这个国家中人们具有的各种小心眼儿、顽固不化、卑鄙无耻的另一种叫法。如果我们厌恶一个国家，却赞颂另一个国家，迟早我们会对后者也感到厌恶的。所有国家都在嘲笑别国，其实这样看来，谁都不冤枉。

正如我所说的，本章的内容涉及我们在这个世界上扮演的角色，也就是他人是如何看待我们的，这可以进一步分为三个范畴：荣誉、社会地位和名声。

3

我们先来谈谈地位，虽然它在大众和“俗人”眼中可能很重要，而且也是国家机器中非常好用的工具，但可能几句话就能说清楚。

地位只具有纯粹的世俗价值，严格来说，它本身是虚幻的；只是为了制造出虚假的尊卑，实际上完完全全是一场闹剧。

荣誉勋章可以看作用民意来交易的汇票，其价值由发行人的信誉决定。当然，作为抚恤金的替代品，它帮国家省下了一大笔钱；而且，如果分发得当，还能达成许多其他目的。虽然人大多长了耳目，但也仅限于此，他们很少自己做判断，甚至都不太能记得事情。有许多人为国家做出了贡献，但不能为大众所理解；其他的人即使在一段时间内被感恩推崇，很快也会被忘记。所以我觉得，确实应该有一个十字或者星星奖章来时时刻刻提醒这些群众：这个人和你不一样，他曾做出贡献。但这样的奖励如果评判并不公允，没有进行筛选，或者人数过多，就会失去它的价值：君王在授勋的时候应该像商人签支票那样谨慎小心。而且，不必在表明卓越贡献的勋章上赘言说明，因为它们本就是用来奖励卓越贡献的，大家应该都心知肚明。

4

相比社会地位，荣誉是一个更大的话题，讨论起来有难度。我先试着来定义它。

如果我说荣誉是良知的外显，而良知是荣誉的内在，应该有不少人会同意；但这样的表述过于浮夸，很难对应到现实。所以，我宁愿这样表述，客观来说，荣誉就是在他人看来你的价值如何；主观来说，就是我们有多看重别人的这些看法。基于后一条，如果想获得荣誉，就要做好事来产生有益的影响，但这种影响不一定是纯道德层面的。

每个尚未完全堕落的人都会有荣誉感和羞耻感，而荣誉，大家都公认，具有宝贵的价值。理由如下，一个人单独能做成的事非常少，就像是荒岛上的鲁滨孙。只有在社会中，人的能力才能充分发挥出来。当一个人的心智渐渐成熟，就会想要被看作一个对社会有用的人，一个能“尽职尽责”演好自己角色的人，从而获得社会的各种福利。所以，要成为有用的社会成员，他有两个任务：首先，要完成社会对每个成员的基本要求；其次，要承担起自己所处特定位置的责任。

但人很快就会发现，所有的一切都要取决于别人是否觉得他有用，而不取决于自己；所以就会想尽办法给外界留下好印象，因为他觉得这才是有用的。这就是人类先天具有的内在特质，被称作荣誉感，在一些情况下也就是羞耻感。这就是为什么人在受到他人指指点点的时候会脸红，即使知道自己是无辜的，甚至完全不是他的责任，他也会自觉地这么想。相对的，在生活中，确认别人喜欢自己或者别人对自己评价较高，能给自己带来莫大的信心；因为在与困难对抗的时候，这意味着别人都会来提供帮助和保护，这比他一个人的力量要强大得多。

在获取自信，也就是获取他人评价的情境中，人与人之间可以有许多种关系，包括“我”和“你”的关系、契约关系，还有两性关系。据此也衍生出了三种不同的荣誉，各有呈现形式——公民荣誉、公职荣誉和性别荣誉。

公民荣誉涉及最广，它基于我们必须无条件地尊重他人的权力、绝不会使用任何不公正或不合法的手段来获取私利这一假设。这是人与人之间和平交往的前提。任何公然破坏这种和平交往的行为都会导致公民荣誉的丧失，并受到法律的制裁。在这里通常假设法律是公正的。

荣誉的根基是对“道德品质不可改变”这一说法的肯定：如果一个人做了坏事，那就意味着在未来相似的条件下，他还会再犯。英文中的“性格（character）”这个词很好地表达了这一点，这个词包含信誉、名声、荣誉的意思。所以，人一旦失去了荣誉，就再难找回；除非是由于误判，比如，受到诽谤或者被误会。所以，法律禁止诽谤、诬陷，甚至侮辱他人；侮辱是毫无根据的，就是没有道理的诽谤。正如希腊谚语所说：“侮辱是一种草率的诽谤”。

如果一个人辱骂他人，那只能说明他没有什么真实或恰当的理由，不然他就会把这些道理摆出来，让听众自己去评判；而不是只给结论不给原因，好像自己只是为了言简意赅才这么做。公民荣誉在中产阶级中诞生，“公民”字面上本是指中产阶级的人；但它适用于所有阶级，即使是最上层的人。没有人可以漠视公民荣誉，这是非常严肃的，人人都应予以重视。信任一旦失去就是永恒的，无论他做什么、他是谁都无法挽回，由此带来的苦果也无法逃避。

从某种意义上说，相对名声的主动属性，荣誉具有一定的被动属性。因为并不是你拥有了某种特定的品质，人们就会认为你拥有荣誉，而是当人们期待着你拥有某种品质，且你没有让他们失望时，他们才会觉得你是拥有荣誉的。所以，荣誉并不意味着一个人是与众不同的；而名声却相反。名声是挣来的，而荣誉需要小心不要失去。没有名声就只是默默无闻，只是被动不作为而已；但失去了荣誉却是一种耻辱，因为这个行为是主动发生的。不要因为荣誉的这种被动属性就把它看成是不好的，要论作用，荣誉比所有主动的东西都有用。它是唯一来源于个人、呈现于个人的品质，完全与此人的所作所为相关，与他人的行为或由他人造成的阻碍完全无关。荣誉完全仰赖我们“自己的力量”，这正是真正的荣誉和虚伪的所谓骑士荣誉之间的差别。

诽谤是唯一可以从外界攻击荣誉的武器；唯一的防御办法就是公开驳斥诽谤者，并揭露他的真面目。

年长者能得到尊重的原因就在于他们已经用一辈子证明自己

的荣誉是坚不可摧的；而年轻人即使拥有荣誉，却还不能给出有力的证明能一辈子不失去它。除此之外，没有其他任何理由能充分说明为什么年轻人必须尊重老人。如果只是因为年纪，那动物也能活到这样的年龄，甚至更久；经验也不行，因为经验只不过是更熟悉世界的运转套路而已；如果只是因为时间，那年老体衰，更应该得到的是关心照顾，而不是尊重。但一个白发苍苍的老者总是能唤起我们本能的尊重。皱纹其实是典型的衰老标志，却不能唤起这种敬畏之心；大家都说“令人尊敬的白发”，而不会说“令人尊敬的皱纹”。

荣誉只具有间接价值。正如我在本章开篇所说，别人对我们的看法，只能借助对他们行为的引导，才能对我们产生影响，而且这些人还得在我们身边，或者与我们有关。但对于社会，我们享受文明带来的人身和个人财产的安全，我们需要他人的帮助，而他们反过来，也对我们有天然的信任。所以，他们对我们的看法就有间接的重要意义，虽然我不认为它有任何直接、即时性的价值。西塞罗[1]也持这样的观点：“我赞成克利西波斯[2]和第欧根尼[3]曾经说过的，好名声如果不是真的这么有用，就不值得花一点力气去追求。”对此，爱尔维修[4]在他的著作《论精神》中有长

1 马尔库斯·图利乌斯·西塞罗（前106—前43），古罗马著名政治家、演说家、哲学家。

2 克利西波斯（前280—前207），斯多亚学派哲学集大成者。

3 第欧根尼（前412—前323），犬儒学派的代表人物。

4 克洛德·阿德里安·爱尔维修（1715—1771），法国启蒙思想家，18世纪法国唯物主义哲学家。

篇大论的论述，结论是我们之所以喜欢被尊重，并不是喜欢它本身，只是爱它所带来的诸多好处。手段永远也没有目的重要，正如我说过的，许多人口中的“荣誉重于生命”只是夸张而已。关于公民荣誉，就说到这里。

公职荣誉是指人们认为一个人具备必要的素质，能够胜任某项工作。一个人在国家事务中所要担任的职责越大、越重要，说明他所服务的部门地位越高、影响越大，人们对他相应道德和智力的要求就越高。所以，人的地位越高，他所获得的荣誉就越大，通常表现在他的头衔、勋位，以及别人对他恭敬的态度。通常一个人的公职与其应得的荣誉相对应，但普通群众可能对此理解不够充分，以致任职者享受的荣誉并不到位。充分履行特殊职责的人要比普通公民享有更多荣誉，一般人能够不失去自己的荣誉，就是最高荣耀了。

此外，考虑到同事和继任者，公职荣誉还要求在职者对自己效忠的政府保持尊重。不但要恪尽职守，还要坚决抵制任何对政府本身或其在任者的攻击：比如，对任何关于政府未适当履行职责或未对公共福利做出贡献的言论，他都不能置之不理，必须实施法律制裁，以证清白。

还有一些具备专业技能，或被官方认证可以从事特定职业的人，简言之，那些为公众服务的人——比如，以医生、律师、教师这些身份为国家服务的人都享有公职荣誉。军人荣誉也属于这个范畴，这些誓死保卫祖国的军人尤其拥有勇气、力量和为国捐躯的精神，永远不会抛弃自己曾经宣誓效忠的旗帜。在此，我将公职荣誉拓展到最通俗广泛的意义上，公职荣誉其实就是公民对职务本身的尊重。

对于两性荣誉及其依据的原则，需要多加注意和分析；我的论点是，所有的荣誉在根本上都是功利主义的，两性荣誉也不例外。两性荣誉从主体上自然分为女性荣誉和男性荣誉，两方都通过自己的“集体精神”充分地体现出来。其中,女性荣誉更为重要，因为对女性的生活而言，异性关系至关重要。

对于未婚女孩，通常所说的女性荣誉就是纯洁，对一个妻子来说，就是忠诚。这一观点的重要性基于以下考虑：在所有的生活关系中，女人都要依靠男人；而男人只对女人有一种关系的需求。所以，在这样的相互依存关系中，男人负责满足女人所有的需求，包括养育他们共同的子女，这样的安排是全体妇女福祉的基础。男人们凭借体力和智力的优势，坐拥世界上所有的好东西，为了能够落实这样的计划，俘虏、征服男人，并分享他们的资源，女人们必须联合起来,充分展现“集体精神”,对抗共同的敌人——男人。为此，女性荣誉就要求一个女人除了结婚，绝不能轻易委身于男人，这样一来，每个男人就只能选择向一位妇女投降并与之结盟，全体女性都能受益于此。但只有人人都严格遵守规则才能得到这样的结果。所以，本着“集体精神”，全世界女性都认真坚守着这项规矩。任何违反规则的女孩都是背叛整个女性集体，因为如果每个女人都这么做，她们的集体福祉就不复存在，故而她就会遭到驱逐，备感羞耻，因为她失去了自己的荣誉。其他的女人也不想与她有瓜葛，如见瘟疫，唯恐避之不及。破坏婚姻关系的已婚女人也会受到同样的惩罚，因为这意味着她背叛了当时男人屈服于她的约定，会让其他男人不敢屈服于女人，从而威胁到其他女性同胞的福利。更甚者，这样的欺骗和对忠诚的背叛是一种罪过，不仅会造成个人荣誉的损失，也会危害公民荣誉。这就是为什么我们会尽可能减轻对失足女孩的羞辱，但对一个已婚女性却不这么宽容。因为前者还有通过结婚恢复荣誉的可能性，而后者却没有任何弥补的可能。

一旦这种“集体精神”被公认为女性荣誉的基础，并被认为其有益，甚至从本质的合理性和利益性上来说是必需的，那它对女性福祉的重要性就显而易见了。但这种认知也只具有相对价值，并非终极目的，不能超越生存的其他目标，也并不高于生命本身的价值。由此看来，卢克丽霞[1]和维琪涅斯强硬过激的行为也没什么值得歌颂的——这些行为反倒很容易沦为悲剧、闹剧，令人厌烦。比如，爱米丽娅·迦洛蒂[2]的结局，只能让人心情沉重地走出剧院，而所有女性荣誉的规则也不能阻止人们同情《埃格蒙

1 罗马传说中的贞妇。

2 《爱米丽娅·迦洛蒂》是德国作家G.E.莱辛于1772年发表并于同年首演的五幕剧，该剧是莱辛第二部著名剧本，同时也是其最出色的市民悲剧，取材于古罗马维吉妮娅的故事。

特》[1]里的克拉拉。过于强调女性荣誉的原则不啻舍本逐末，而人们往往如此；这样过激的行为是把两性荣誉的价值绝对化了，而实际上它比其他荣誉都更具相对性。人可能会说它的价值纯粹是基于传统意义，托马修斯[2]在他的著作中说：直到宗教改革时期，历史上所有国家的法律都允许不固定性行为发生，女性荣誉也不会因此而受到损失——更不用提巴比伦的米立达神殿[3]了。

当然，一些特定情况下这种额外的婚姻生活是不可能发生的，尤其在天主教国家，离婚是不被认可的。在我看来，从道德的角度出发，与其缔结贵贱通婚不能继承的约定，还不如完全放弃形式上的婚姻，因为如果贵贱通婚之后原定的继承人不幸死亡，通婚的后代还是可能要求继承王位；但如果本来就没有婚姻，那由贵贱通婚带来内战的可能性就微乎其微了。而且，贵贱通婚无视所有外在的礼仪，是对女人和牧师的让步，而这两类人恰恰是我们最要小心不要招惹的。还需要指出的是：国家中的每个男人都可以自由选择他的结婚对象，唯有一个可怜人除外，那就是王子。他属于国家，所以只能为了国家的利益而结婚。但尽管如此，他也是一个男人，也想要跟随自己内心的声音。在这件事上，禁止

1《埃格蒙特》是德国作家歌德根据真实故事进行改编，以16世纪的低地国家反抗西班牙的统治为创作背景，克拉拉是其中的女主人公，在营救爱人未果后自杀殉情。

2 德国哲学家。

3 古希腊史学家希罗多德有这样一段记述：在古巴比伦的所有女子,在她的一生中都要去一次米立达神殿，献身给一个不知名的外国男子。

或企图禁止他追随自己的意愿都是不公而自负的。当然，前提是这位女士不能影响国家政治。从她的角度来看，她处境特殊，可以不用受常规两性荣誉的约束，因为她只是将自己献给了一个情投意合，但不能与之结婚的男人。女性荣誉并非起源于自然，要付出许多血腥的代价——如杀害婴儿或母亲的自杀。毫无疑问，一个女孩如果违反了规则，就背弃了整个女性集体，虽然这只是约定俗成的，没有正式起誓的过程。而且一般来说，她自己的前途遭到的打击更为直接，与其说是罪恶，不如说她愚蠢。

与女性荣誉相对应的是男性荣誉，后者由前者衍生而来。男人一旦决定缔结对女方有利的婚姻，“集体精神”就会要求他们坚守条约，以保证协议本身不会因为任何懈怠而失去效力，既然男人放弃了一切，那至少要确保他能够独占这个女人。所以，如果女人背叛了婚姻，出于男性荣誉，男人有权对此表示愤慨并至少通过离婚来惩罚她。如果他宽恕了女人的罪行，将为男性同胞们所不齿；与之相比，那个失去了荣誉的女人将遭到千万倍的唾弃，但对于男性来说这只是一个小污点，因为男人的生命中还有很多比两性关系更重要的事情。现代有两位伟大的戏剧诗人，都以男性荣誉为主题各写了两部戏剧:莎士比亚的《奥赛罗》和《冬天的故事》，卡尔隆德的《医生的荣誉》和《静悄悄的以牙还牙》。但男性荣誉只要求男人惩罚妻子，不强制要求惩罚情夫。这也证实了我的观点，男性荣誉来自“集体精神”。

我在此讨论的荣誉在不同国家和时期会呈现出不同的形式和

原则；尽管历史表明，女性荣誉的原则在不同时期有过本土化的调整。但有一种荣誉与之完全不同，希腊人和罗马人对此不甚了解，而且直至今日，中国人、印度人和穆斯林对此还一无所知。这种荣誉只在中世纪出现，地域限于基督教盛行的欧洲，且受众非常小，只存在于上流社会及其附庸阶层，这就是骑士荣誉。骑士荣誉的原则与我先前提到的那些荣誉完全不同，甚至在某些方面截然相反。骑士荣誉造就骑士，而其他荣誉造就君子。因此，我将对其原则进行解释，作为骑士礼节的说明。

（1）骑士荣誉不在于他人对我们价值的看法，而完全取决于他们是否将其表达出来，不管他们是否真的这么想，更不必深究其是否有理有据。对于我们的所作所为，别人可以有不好的想法，也可以随心所欲地鄙视我们；但只要他们不把这些想法表达出来，就不会有损我们的荣誉。因此，即使我们凭借行为和品质赢得了他人的最高尊重，使他们心服口服——但只要有一个人，不管这个人多么邪恶和愚蠢，说了一些贬低我们的话，就破坏了我们的荣誉，如果我们不设法补救，就会永远失去它。现实中，侮辱是可以撤回的，在必要时可以通过道歉来弥补，就好像这些话从未被说出口过。这也佐证了我之前所说的：骑士荣誉不取决于人们怎么想，而在于他们怎么说。至于先前那种侮辱背后的想法有没有真的改变，以及为什么会有那样的言论，这些都不再是重要的问题，只要说过的话被撤回，就皆大欢喜。这样的行为实际上并不是为了赢得尊重，而是强迫别人表达尊敬。

（2）骑士荣誉不取决于一个人做了什么，而取决于他承受了什么、遭受了哪些困难；与其他荣誉不同，骑士荣誉不在于这个人的言行，而在于别人的言行。这完全仰赖每一个长着舌头能说话的人，只要他们中的任何一个发动攻击，骑士荣誉就在顷刻之间灰飞烟灭；除非被攻击者用我下面将说到的方式去夺回它，但这一过程可能会威胁他的生命、健康、财产和内心平静。即使一个人行为举止已经最为正义、高尚，精神清明至极、才智绝佳，只要有人想要侮辱他，只要此人没有违背骑士荣誉的原则，就能让他失去骑士荣誉，不管这是个游手好闲之徒，抑或是懒汉、赌棍这样的“蝼蚁”。而通常也正是这些人最喜欢侮辱别人；正如塞涅卡所说：“越是卑鄙荒谬的人，越喜欢嚼舌根。”这种侮辱也最有可能针对我刚才描述的那种人，因为道不同不相为谋，卓越的品质往往会引起平庸之辈的不满。歌德在《西东合集》中说得不错：

为什么要抱怨敌人？
当你的存在本身
就是对他永无止境的羞辱
你们要如何成为朋友？

显然这些一无是处的人应该感谢骑士荣誉的原则，因为这让他们有机会和那些远比自己优秀的人处在同一水平线上。如果一个人喜欢侮辱别人，泼人脏水，那么至少在表面上这是有依据的，甚至和法条一样，具有强制效力；如果没有雪耻的话，那么这些指控将永远有效。换言之，如果受害者默不作声，即使诽谤的人十恶不赦，在体面人眼中，受害者也只能如他所说那样不堪。因此，这些体面人将不再与受害者往来，好像躲避麻风病人，拒绝与之同席等。

我认为这种明哲保身的做法可以追溯到 15 世纪，在任何诉讼案件中，并非原告需证明被告有罪，而是被告必须自证清白。他可以发誓自己无罪；同时必须有支持者担保起誓他所言不虚。但如果他找不到帮忙的人，或者原告不接受支持者的证明，就必须求助于"上帝的审判"，通常就是决斗。因为被告现在已经蒙羞，必须洗清耻辱。这就是耻辱概念的起源，当今体面人中盛行的整套荣誉体系也由此而来，只是省略了发誓的环节。这也解释了为什么当体面人被指说谎时，会那么怒不可遏，并认为必须用鲜血的代价来消除。尽管谎言很常见，但其实很少真的发生这样的情况；但在英国，这种迷信却根深蒂固。这基于以下逻辑：如果一个人因为被指控撒谎而扬言要杀死另一个人，那他就应该没有说过谎。实际上中世纪的刑事审判更简短。面对指控，只要被告回答："他在撒谎。"那剩下的就交给上帝来审判了。所以，骑士荣誉遵循的法则是：面对谎言时，必须诉诸武力。关于侮辱的理论就讲到这里。

但还有比侮辱更糟糕的东西，我必须在骑士荣誉这一部分说一下，请各位体面的读者见谅，因为我知道，光是想到它就会让人怒发冲冠，气得发抖，这是世界上最邪恶的事，比死亡或下地狱的诅咒更可怕：那就是扇别人一巴掌，或饱以老拳，真是太吓人了！这样可怕的事对所有荣誉来说都是致命的，其他侮辱都可以通过打一架来解决，不必危及生命，但这样的侮辱只能置对方于死地才能雪耻。

（3）这种荣誉与一个人的内在品质无关，与其道德品质的好坏这样的老生常谈也没有什么关系。如果你的荣誉遭到了攻击，或者已经毫无颜面，只要你立刻诉诸万能的补救措施——决斗，就能很快将其恢复原样。但如果这个攻击者不是来自认可骑士荣誉的阶层，或者他自己曾经违背过骑士荣誉，那么不管是肢体攻击还是言语攻击，比较稳妥的回应方式是：如果你已经整装待发，那就立刻把对方打趴下；如果没有，那就暂且忍住，等装备齐全再决斗。这样方可恢复荣誉。

但如果你想避免这种极端的方式，担心发生不测，或者不能确定对方是否会遵守骑士荣誉的原则，还有一种办法可以解决问题，那就是加倍奉还。意思就是用更加粗鲁的方式来回应粗鲁的行为。如果骂回去没有用，那就试试打回去，这在夺回荣誉之战中不啻为一个高潮。比如，对方打了你一记耳光，你就给他一记棍棒；对方打了你一棍子，你就狠狠抽他一鞭子；最后，你还可以吐他一口唾沫。如果上述方法都没有用，你就再也不能瞻前顾后了，必须浴血奋战。根据骑士荣誉的原则，为什么要用这些方法来消除侮辱呢？

（4）受到侮辱是可耻的；但侮辱别人却是光荣的。举个例子，真理、正义、理性都站在我对手那一边，如果我侮辱他，那么真理和正义都会弃他而去，从而来到我这边，直到他用暴力手段夺回它们，注意是暴力手段，而不是通过理性手段。所以，就荣誉而言，粗鲁可以取代并且胜过任何其他品质。最粗鲁的人永远正确。那还想什么呢？不管一个人多愚蠢、多坏或者多邪恶，只要他够粗鲁，就可以无法无天。在任何讨论和对话中，如果对方表现出更多的学识、对真理更高的热爱、更强的判断力、更好的理解力，总之显得比我们更聪明，就会使我们黯然失色，那我们只需要通过侮辱和攻击就能立刻反败为胜。粗鲁胜于雄辩，会使智力黯然失色。只要对方对我们的攻击不屑一顾，没有粗鲁地回击、加倍奉还，那我们就赢了，荣誉就属于我们。在这种万能的粗鲁面前，真理、知识、理解力、智力和机智都败下阵来，只能退让。

对体面人来说，一旦有人表达反对意见，或者表现得比自己更聪明，他们就要立刻骑上战马准备反击；如果在争论中他们不知该如何回应，就会立刻拿起“粗鲁”这件武器，非常顺手好用；这样就能将对方赶下宝座。由此显而易见，人们认为骑士荣誉的原则让社会格调更加高尚，一点儿没错。这项原则的起源构成了整个制度的核心和灵魂。

（5）该原则认为：肉体暴力，即暴行，是荣誉之争的最高法庭。每个粗鲁的举动严格来说都是暴行的体现；宣告着智力和道德的失灵，只有肉体的对抗才能解决问题。富兰克林将人定义为“能制造工具的动物”，所以这种对抗的输赢就取决于人类特有的武器；一旦决定就不可撤回。这就是众所周知的“力量强权”原则，就像“傻瓜的智慧”一样，是个颇具讽刺意味的骈语。由此骑士荣誉也可以被称作“力量荣誉”。

（6）正如我们在前文看到的，公民荣誉对于“我”和“你”的概念非常谨慎，高度尊重义务和承诺，而我们在这里讨论的原则却相反，表现出“最崇高的自由度”。言下之意就是：即使其他任何形式的承诺都可以违背，以骑士荣誉做出的誓言也不能违背，就像人们常说的“我以我的名誉起誓”。即使是最坏的情况，人们也可以轻而易举地违背荣誉的誓言，而诉诸万能的决斗，也能保持荣誉无损，只要打败那个坚持要我们遵守承诺的人就行了。但只有一种债务在任何情况下都是不能赖账的，那就是赌债，也称作“荣誉之债”。至于别的债务，你随心所欲地欺骗他人和基督徒，骑士荣誉也丝毫不会受损。

公正的读者们很快就会发现这样奇怪、野蛮、荒谬的荣誉原则并不符合人类天性，也不符合有益的为人处世的态度。这种原则的适用范围非常狭窄，仅限于中世纪以来的欧洲，后来只局限于上流阶层、官员、军人，以及簇拥他们的模仿者，因此，这在某种程度上强化了其体验。希腊人和罗马人对这种荣誉原则一无所知；有着高度文明的亚洲国家也是如此，无论古今。他们只认可我最早说到的那种荣誉：一个人的美德由自己的行为决定，而无关他人的闲言碎语。他们认为：一个人的言行可能会影响自己的荣誉，但不能作用于他人的荣誉。对他们而言，一拳不过就是一拳，马或驴都可能踢得更重，在某些特定的情况下人们可能会因此生气并想要立刻报复，但都与荣誉无关。没人会对这些攻击或者辱骂耿耿于怀，也不会去计算有没有报复得旗鼓相当。但在英勇和不畏死亡方面，这些古人却丝毫不输欧洲基督教国家的骑士们。可以这么说，希腊和罗马人是实打实的英雄，但他们对所谓骑士荣誉一无所知。即便他们有决斗的概念，那也和贵族生活完全无关，对他们来说那是角斗士、奴隶和罪犯的表演，与猛兽搏斗是为了娱乐罗马群众。基督教引入之后，角斗表演就被废除了，取而代之的是决斗，一种让“老天爷”来解决问题的办法。

如果说角斗是为满足广大看客普遍欲望做出的残酷献祭，那么决斗就是对现存偏见做出的牺牲，只不过主角不是罪犯、奴隶或者囚犯，而是贵族和自由人。

古人性格中有许多特征，表明他们完全不受这些偏见的束缚。比如，当马略[1]收到条顿人[2]酋长的决斗邀请时，他回应道：如果贵首领已经活得不耐烦，那就请他自己上吊吧；同时他也为对方送去了经验老到的角斗士作为陪练。普鲁塔克在他的《特米斯托克利传记》中提到，当舰队指挥官欧利拜德斯举起棍子要打他

1 盖乌斯·马略（前157—前86），古罗马统帅、政治家。
2 条顿人，相传为日耳曼人的一支。

的时候，特米斯托克利没有拔剑，反而说道：“你打吧，但要听我说。”如果这位读者是个体面人，那他读到这里一定会觉得非常遗憾：特米斯托克利如此行事，雅典官员们居然还愿意为他效命！一位法国现代作家宣称：如果有人认为德摩斯梯尼是一位有“荣誉”的体面人，那他就会因为无知而被大家可怜、笑话；而且西塞罗也同样不是一个体面人！柏拉图在《法律篇》中详细谈及了“攻击”，充分说明了古人完全没有这种荣誉概念。

苏格拉底经常与别人争论，常被恶意中伤，但他都温和地容忍了。比如，有一次他被人踢了，还耐心地忍下了这种侮辱，让他的朋友都大为惊讶。苏格拉底说：“如果一头驴踢了我，我应该去怨恨它吗？”还有一次，有人问他：“那人难道不是在辱骂你吗？”“不，”他说，“他并没有针对我。”斯托拜乌于《莫索尼斯》中留下了一段很长的文字，我们可以从中看到古人是如何对待侮辱的：除了法律手段，他们想不到其他的解决办法，而且智者甚至不屑于诉诸法律；如果希腊人被打了一耳光，他会依法解决。这在柏拉图的《高尔吉亚篇》中有所印证，其中也包含了苏格拉底的观点。同样的情况在格留斯的记录中也有所提及：一位叫作路丘斯·维雷丘斯的人无来由地在大街上随意打罗马公民的耳光，他吩咐自己的奴隶带上一小袋钱，付给每个挨打的人一小笔罚金，避免任何不良的潜在后果。

著名的犬儒派哲学家克拉特斯，被音乐家尼坎多罗斯狠狠打了一巴掌，脸上肿得青一块紫一块；于是他在前额贴了一张纸，上书“尼坎多罗斯干的好事”，好好地羞辱了这位笛子演奏家一顿，他居然对雅典人如神明般敬重的人施以这样的暴行。第欧根尼在给美莱西普斯的一封信中说到，他曾被雅典的几个喝醉了的年轻人殴打;但他接着说那不是什么大不了的事。塞涅卡在《论恒》的最后几个章节中专门讨论了侮辱这一问题，就是为了说明智者是不会理会这些的。在第十四章中,他说:如果一个智者被人打了，他该怎么办？加图[1]是怎么做的呢？别人打了他一巴掌，他既没有发火，也没有还击，只是予以无视。你会说 :“是啊，但他们都是哲学家。”——那你是什么呢？愚者吗？倒也不错。

很显然，古人对骑士荣誉一无所知，原因很简单，他们总是能够秉持自然和不带偏见的态度来看待人和事，不会让他人不怀好意的愚蠢行为影响自己。对他们来说，一拳就只是一拳，小小皮外伤而已，而现代人却能把它夸张成一场灾难。比如，高乃依的《熙德》，还有最近的一部叫作《环境的力量》的描写德国中产阶级生活的喜剧，依我看应该改名为《偏见的力量》。如果巴黎国民议会的成员挨了一记耳光，整个欧洲都能因此受到牵连。我所列举的古人的处理方式或许在今天的“体面人”看来不合时宜；那么我会推荐他们去读一读狄德罗的著作《宿命论者雅克》中德斯蒙德先生的故事作为慰藉。这个故事堪称现代骑士荣誉的典范，他们一定会乐在其中又深受启发。

1 加图，罗马共和国时期的政治家、国务活动家、演说家。

说到这里，显然，骑士荣誉并非起源于人类本质和自发的天性。它是一种人造产物，其根源并不难追溯。它起源于人们用拳头而不是头脑解决问题的中世纪，那时人的智慧尚为宗教所束缚，骑士制度也诞生于此时。在那个年代，人们不但乞求全能神明的眷顾，还要仰赖它来辨明是非。难题都靠神裁，一般来说是以决斗的形式，不仅贵族如此，普通市民也是如此。在莎士比亚的《亨利六世》中就有一个很好的例子：每一次司法判决最终都会诉诸武力——上帝的裁决。这是最高法庭。这就很好地说明了我们的生理力量和活动，即动物本能已经替代了理性坐上了审判席。在决定是非的问题上，不是根据一个人的所作所为，而是根据对方力量的强弱，这实际上和今天骑士荣誉的原则一脉相承。如果还有人觉得这不是现代决斗的起源，那就可以去读读 J.B. 米其林的大作《决斗的历史》。直至今日，你还可能找到一些支持这种体系的人，他们大多没有受过良好的教育，没什么思想，认为通过决斗来解决争议确实传达了神的旨意，这无疑是受传统观念的影响。

但撇开起源问题不谈，我们很清楚骑士荣誉的原则主要就是通过生理的威胁来获取他人表面上的尊重，而要获取真正的尊重却被认为难度过大且多此一举。这好比用手去捂住温度计让温度升高，并以此来证明室内温暖。而实际上问题的核心是：公民荣誉的目的是和平相处，因为我们已经无条件地对他人的权利表示尊重，所以他们也就觉得我们值得信任；而骑士荣誉本质上是让别人感到惧怕，让他们知道我们不惜任何代价也要维护自己的权利。

由于人类的诚信本就不太可信，如果我们以原始自然的状态生存，每个人都以保护自身安全和权益为要旨，那或许骑士荣誉主张让别人感到害怕而不是信任的原则也并没有什么错。但在文明社会，我们的人身和财产安全由国家来保卫，这些原则就不再适用了。它们就像古时候的城堡和瞭望塔一样被荒废，再也没有用处，矗立在现代化的耕地、干道和铁路中间。

时至今日，骑士荣誉依然秉承着这些原则，以解决一些诸如人身攻击之类的法律只能轻惩甚至不惩罚的小案子，比如只是开开玩笑。但有限运用这一原则的结果，是必须对相关人员的价值抱以过大的尊重——甚至夸张到神圣不可侵犯的地步，与人的天性和使命相违背。骑士荣誉认为国家对这些小事的惩处力度显然不够，所以就自己代劳杀害加害者，或者卸掉人家的胳膊和腿，以示惩戒。这样的表现主要源于骄傲自大，完全忘记了人的本质。那些决定遵照这一原则用武力解决问题的人，将依照他们的行为准则宣告："谁要打我或者骂我，就得死！"这种人才该被流放。

为了息事宁人，面对这种草率的傲慢，人们一般会选择让步。但如果两个这样的莽夫相遇了，谁也不肯让步，极小的一点摩擦都可能会引发谩骂，继而拳脚相加，最后伤及性命，那这样倒不如跳过中间那些步骤直接兵戎相见吧，还更加体面。使用暴力有其特殊的章程，甚至已经形成一套严格而精确的法则和规范体系，共同形成了这一出最庄严的闹剧——专为愚蠢而设立的荣誉殿堂。如果两个人为了一点小事而争吵（比这重要的案件法律会处理），那么其中比较聪明的一个将会屈服，于是他们就此和解，同意保留分歧。事实也证明了这一点，普通人，或者说，那些不崇尚所谓骑士荣誉原则的大众，会自然而然地化解这些纠纷。相比那些奉行骑士荣誉原则的人，他们的纠纷酿成命案的可能性要低一百倍，甚至连斗殴都很少有。

有人说，文明社会中的好习惯和礼仪都是建立在骑士荣誉的原则上的，决斗系统是抵御野蛮和粗鲁的“堡垒”。但雅典、科林斯和罗马无疑有着堪称卓越的社会氛围，人民的举止和谈吐都非常高雅，却不见他们推崇骑士荣誉这样的奇怪观念。确实，过去女人的地位没有现在高，现在人们每天谈论的都是些鸡毛蒜皮的小事，而古人却常会进行一些严肃的讨论。

这种变化无疑在很大程度上促成了当今文明社会中的一种趋势：人们重视个人勇气，甚于其他品格。但其实个人勇气只是一种从属性的美德，只是军人的显著特征，甚至低等动物都可能比我们更有勇气，否则人们就不会说“像狮子一样勇敢”。骑士荣誉不仅不是社会的支柱，反而是欺诈、邪恶、失礼、思虑不周和粗鲁放肆的庇护所。粗鲁的行为常会被默默容忍，因为没人想要惹祸上身。

说了这么多，我们也就不会奇怪，为什么政治和财务越不光彩的国家，越对血腥充满热情、越推崇决斗体系。人民在这个国家的私人和家庭生活究竟是什么样的，还要问问那些有真实体验的人。在这些国家，文明和社交修养已经消失很久了。

有了骑士荣誉这一挡箭牌，真理就不复存在了。人可以要求公正的裁判，因为当你向一条狗咆哮的时候，它也会向你咆哮；而当你抚摸它时，它会撒娇讨好。人的天性就是以牙还牙、以暴制暴，当自己被轻视或仇视时，会感到不悦并被激怒。正如西塞罗所说："仇恨之矛如此锋利，即便是最有智慧、最受敬重的人也会为此痛苦。"除了少数宗教地区，没有哪个地方的人可以平静地接受屈辱或打击。但正常来说，我们都只会要求对冒犯进行相同程度的回击，而不会因为被别人指控撒谎、被骂愚蠢或胆小而要求对方以死谢罪。德国古老的"一顿拳头，必要血偿"理论是对中世纪骑士精神的迷信，令人反感。在任何情况下，对侮辱的回击都应该由愤怒本身决定，而非出于所谓骑士们所推崇的"荣誉和责任"。实际上，越真实的指控，杀伤力越大；一项毫无根据的污蔑，即使言辞再激烈，造成的伤害也比不上对真实过失行为的一句轻微的暗示。所以一个确信自己清白的人可以对此一笑而过，也不会遭受任何实际的伤害，但骑士荣誉却要求他表现出并不具备的敏感性，对他自己并无感知的侮辱进行血腥报复。如果一个人急不可耐地对别人报以老拳，防止对方说出任何不利于自己的话，那他一定也看不起自己，心里有鬼。

一个真正肯定自我价值的人不会在意外界的侮辱，但如果他实在忍不住，机敏和学识也会帮助他掩盖不满，消解愤怒。如果他能摆脱对骑士荣誉的迷信，被侮辱时，便不再觉得反唇相讥能够消解侮辱并挽回荣誉。如果我们可以让人们不再认为为了挽回荣誉而诉诸暴力是名正言顺的，那我们很快就能得出结论，在这场侮辱和贬低的斗争中，输家才是真正的获胜者。正如文森佐·蒙蒂[1]所说，谩骂就好比一支教堂的游行队伍，总要回到他们出发的地方。如果能让大家都这样看待侮辱，那我们也就不必通过骂回去来证明自己没有错了。但不幸的是，现在如果我们想要认真对待任何问题，首先要考虑的就是我们会不会在某些方面冒犯到那些无知者——对于哪怕一丁点儿的智慧都会表现出警醒和不满。常见的是，一个智慧的头脑很可能会和一个除了狭隘和愚蠢什么都没有的人纠缠不清。如果这些情况都不复存在，那么智力的优势就能夺回它在社会中本应拥有的主导位置——虽然人们不愿意承认，但实际上，这个位置现在是被那些空有蛮力、只会打架的人占据着；假设真能如此，最优秀的那群人就少了一条避世的理由。这将为打造真正的文明礼仪氛围及和谐社会铺平道路，正如曾经在雅典、科林斯和罗马所存在的那样。如果有人想了解我所说的典范，那我会推荐他读一下色诺分的《宴会篇》。

骑士荣誉最后的辩护者会说：如果没有它，这世界不就变得像菜市场一样了吗？！对此我简短回应一下，在一千个人里有九百九十九人都不了解骑士原则，他们经常揍人或挨揍，都没有什么致命后果；但对于该原则的推崇者，挨揍通常意味着一方的

1 意大利新古典派诗人。

死亡。让我再详细解释一下。

一些人坚信被人揍了一拳是一件了不得的事儿，我曾试图为此寻找除了传统观念外，站得住脚的至少是合理的依据，但我无功而返，不论是从自然的动物性还是人类的理性，都无法自圆其说。巴掌只是一个人可以施加于他人的一次小小的身体伤害，而且永远仅限于此，只是证明了施暴者的力量或者速度更胜一筹，或者是他的敌人疏于防备。除此之外就再也分析不出别的什么了。同一个骑士，会因为被别人揍了一拳而觉得对方罪大恶极；但如果别人用十倍的力气去攻击他的坐骑导致他坠马，却会忍着痛瘸着腿向你保证，这没什么大不了的。因此，我开始怀疑施暴人的手才是这场闹剧的根源。但在决斗中这位骑士还是可能会被同一只手割伤或刺伤，但他仍然会向你保证这些都不值一提。现在，有个说法是被剑面拍打没有棍棒相加来得严重。不久之前，军校学生宁愿接受前一种惩罚，因为他们觉得最大的荣誉莫过于授勋，而骑士授勋时正是用剑面拍打肩膀。这是我所能找到的所有心理和道德基础，我只能宣布这一切都只是一个根深蒂固的古老谜题，是传统力量的又一个明证。有一个众所周知的事实可以佐证我的观点：在古代中国，用竹杖打人是很常见的责罚手段，上至各阶层官员，下至平民百姓。这说明即使在有高度文明的国家，人性也有不同的体现。

相反，从公正的角度看人性，人打架是天性，就像猛兽撕咬猎物，或像有角动物顶撞目标。可以说，人就是会打架的动物。

因此，当我们听说谁被人咬了（有时也会发生），就会觉得有违常理，但如果是听到谁揍了别人或是被人揍了，就会觉得这再正常不过了。很好理解，当我们受到良好教育后，就愿意通过约束和克制免除打斗。但如果强迫一个国家或者某个阶层认为一旦被揍，就必须用死亡和谋杀来解决，那未免也太残忍了。世界上已经有太多真正的邪恶，就不要再用幻想出来的不幸雪上加霜，要知道，它们可能会带来真正的不幸，然而，这正是迷信造成的后果，反过来证明了它自身的愚蠢和恶毒。

在我看来，政府和立法机构试图在平民和军队中废除鞭刑这种做法是不明智的。他们认为这是在维护人道主义权益，但实际上刚好相反，废除鞭刑只会强化这种已经造成了许多牺牲的、不人道的、令人憎恶的骑士荣誉迷信。除了最严重的犯罪，其他的罪行都可以自然而然地通过打一顿来惩罚。如果一个人不听劝，那拳头会使他屈服。在我看来，对那些一无所有、交不出罚金，或者由于主人需要其服务而不能拘押的人，实施体罚是正确且恰当的。没有什么理由可以反驳。除了所谓的“人的尊严”，这并非出于任何对于论题的清晰观点，而是基于我先前所说的有害的迷信。有一个好笑的例子可以说明迷信是这种行为的底层原因：不久前，在许多国家的军队条例中，鞭刑已经被棍杖刑所取代。两种惩罚都会造成生理痛苦，但人们却认为后者并不耻辱，不会有损荣誉。

人们推崇这种迷信，国家就被骑士荣誉所掌控，决斗之风也就更加盛行，虽然国家同时也在试图或者假装试图通过立法来废除决斗。中世纪最残酷的“力量即真理”的残余思想延续到了今天，体现在 19 世纪生活的方方面面——简直是奇耻大辱！是时候让这些原则“卷铺盖”走人了。如今，斗狗和斗鸡都已经被禁止了，至少在英国这是犯罪，但人却要被迫陷入致命的冲突中，只是为了荒谬、迷信、可笑的骑士荣誉原则，正如其心胸狭窄的拥护者和宣扬者们所宣称的那样，这些原则强加于人一种义务，让他们为了一点鸡毛蒜皮的小事就像角斗士一样战斗。我建议他们应该用“Ritterhetze（德语：骑士诱饵）”这个词替代“duel（决斗）”，因为后者可能并非源于拉丁语里的“duellum（决斗）”，而是源于西班牙语的“duelo”——意为“苦难、骚扰和烦恼”。

虽然我们可能会嘲笑这种愚蠢的制度过于迂腐，但令人恶心的是，这种制度及其荒诞的条文，居然能够在一个国家中自成一种权力，即帝国强权，但这种权力太容易调动，而且只认拳头不认道理。这种权力用宗教裁判庭对屈服其统治的阶级实行暴力压迫，任何人都可能因为一些微不足道的事被拖出来示众，强迫与对手进行生死决斗。这是流氓们的掩体，只要他属于我们上面所说的阶级，那他就能威胁甚至谋害那些最受尊崇的好人，而这样的人一定会是他们嫉恨的对象。今天的司法和警察体系已经让街头的小混混再也不敢明目张胆地袭击我们并大喊“要钱还是要命？”也是时候卸下上层阶级肩上的重担，让他们不必随时准备着向一个满脑子都是粗野、无礼、愚蠢、恶毒的人献上自己的生命或者手脚。如果两个傻乎乎、易冲动的男孩子只因为几句口角就要受伤、致残甚至被杀，那也太残酷了！

这种强权和迷信的力量，可以通过以下事实来衡量：如果由于地位高低或者其他让双方处于不同级别的因素，使一个人不能恢复其骑士荣誉，那他很可能会陷入绝望，最终自杀，让这件事悲剧收场。如果一件事的实际结果和它的逻辑结论自相矛盾，那一般来说这件事本身就是荒诞可笑的，这不必赘述。比如，军官禁止决斗，但如果他受到了挑战却不接受，就将受到被开除的惩罚。

就这件事的看法，我说得再直白一些。骑士荣誉原则的支持者坚信以下两种情况有本质区别：在公平的战斗中持有威力平等的武器杀死敌人和暗中伏击。这完全是因为这种国家内部的强权只认拳头不认道理，也就是“力量强权”，认为神裁是所有准则的基础。在一场公平的决斗中杀死对方，是为了证明你比他更有力量或者技巧更高超；而为了使这种行为具备合理性，就必须首先假设所谓“力量强权”确有其事。

但实际上，如果我的对手没法保护自己，只是给了我杀死他的可能性，却不意味着我有权这样做。取他性命是否合理，是否符合道义，应该完全取决于我的动机。即使我有充分的动机杀一个人，那也没有理由因为我比他更擅长射击或者剑术而取他性命。这样来说，不管我是从正面攻击他还是从背后偷袭，都无关紧要。从道德的角度来说，“强者即正确”并不比“能者即正确”更有说服力；如果你用一些奸诈的手段杀死了一个人，那发挥作用的

学对思想的净化，能够让现代荣誉终结。只有净化了思想，邪恶才能被根除。政府曾试着用立法的方式来根除决斗，但没有成功。

但是，如果政府真的想要废除决斗系统，如果真的只是因为无力对抗邪恶才使其之前的努力收效甚微，我倒不介意提出一条法规，且保管有效。这条法规不会涉及任何血腥措施，既不会用到断头台和脚手架，也不会判人终身监禁，而只是一种小小的顺势治疗法，不会产生严重的后遗症。如果有人发出或者接受决斗挑战，就让下士将他带到警卫室前，在光天化日下用棍子抽他十二下，就像古代中国人做的那样。如果是被征募的手下或者协助者，各打六大板。如果决斗已经发生，则提起常规的刑事诉讼。

一个有骑士观念的人可能会提出抗议，宣称如果实行这样的惩罚，可能会逼得体面人自杀。对此，我的回答是：让这样一个无知者解决自己，好过让他去解决别人。但我非常清楚，政府并不是真的想要取缔决斗。政府文员所获得的报酬与付出最不对等，军官更甚（最高级别的除外），这完全有赖于头衔和授勋所带来的荣誉来弥补，这类弥补通常通过等级制度和勋章来体现。可以说，决斗对于有级别的人而言是非常受用的附加激励。因此，他们在大学中就接触了有关的培训。那些因决斗而付出代价的人，是在用鲜血弥补工资的不足。

为了完成这个讨论，让我在此提一下国家荣誉。这是个体国家作为一个整体所具有的荣誉。当国家荣誉受损，除了暴力法庭外无处上诉。因为每个国家都必须准备捍卫自己的利益，国家荣誉意味着建立一种信念，对此人们不仅应该坚信，而且应该敬畏。对国家荣誉的损害绝不能姑息，它是公民荣誉和骑士荣誉的结合体。

5

提到我们在别人的评价中所处的位置，就要说到名声，下面就来谈一谈。

名声和荣誉是一对双胞胎，就像希腊神话中的卡斯特和勃鲁克斯，一个是凡人，终有一死；另一个是神，长生不朽。名声正是短暂的荣誉不朽的兄弟。当然，此处我指的是最高等级的、真正意义上的名声，世界上有太多种名声，其中许多都长不过一瞬。每个人只要在类似情境中不负众望地表现出特定品质，就可以保有荣誉；但名声却不是人人都可以获得的。荣誉是人人都有权赋予自己的品质，而名声却要取决于别人是否将其赋予我们。荣誉的影响仅限于那些了解我们的人，而名声却能走得更远，它传播到哪里，我们就能为那里的人所知。每个人都可以说自己拥有荣誉，但很少人可以说自己有名声，因为后者只能凭借非凡的成就获得。

可以获得名声的成就分为两类：行为和成果，因此，有两种方式可以获得名声。对于行为这一方式来说，主要要求是拥有伟大的心灵；对于成果来说，需要拥有伟大的头脑。这两种方式都有自己独特的优缺点，其中最主要的区别是行为会消逝但成果永存。无论多么高尚，行为的影响只能持续很短的时间；但是天才的作品却具备超越时代的鲜活影响力，让后人持续受益和推崇。行为能够留下的就只是记忆，随着时间的流逝渐渐衰弱，直至人们对它无动于衷，最后完全消失。除非历史将它记录下来，像化石一样呈现给后代子孙。而作品本身就是不朽的，一旦成为文字，就将长久存在。正如对于亚历山大大帝，我们只知道其名字和史料记录；但柏拉图、亚里士多德、荷马和霍拉斯却还鲜活生动地存在于他们的作品中，宛如曾经那样。《吠陀经》[1]及其《奥义书》[2]至今还与我们同在，但与它们同时期的所有行为都早已无迹可寻。

行为这条路的另一个缺点是：它们是否发生取决于机会。所以，由此赢得的名声不仅源于其内在价值，还要依靠外部环境，是外部环境恰好赋予了这些行为重要性和魅力。而且，通过行为获得的名声是纯粹个人化的，比如在战争中，它往往取决于少数目击者的证词；更何况现场并不总是有证人，即使有，也不能确保他们都是公正的、没有偏见的。但是好在行为是具有实践性的，可以被一般大众所理解，某种程度上抵消了这种缺点。因此，一旦事实被正确传达，公正的回应就会到来，除非行为本身的动机首先就不被人们理解或者认可。如果不能理解动机，就无法真正

1 《吠陀经》，印度最古老的文献材料和文体形式，主要文体是赞美诗、祈祷文和咒语，由印度人世代口口相传、长年累月结集而成。

2 解释吠陀奥义的一类书籍。

理解其行为。

而成果的情况恰恰相反。它的诞生不依赖时机，而是完全取决于作者。无论它身在何处、为何而在，一旦它被创造出来，就能够不朽。此外，成果很难准确评判，其级别越高，就越难评价。通常没有人既有能力理解某件作品，又能给出不带偏见的、诚实的评论。但好在这些成果的名声不仅仅取决于一位评判者，而可以邀请另一位来评判。而正如我所说，对于行为，只有关于它们的记忆可以以传统的形式流传于世；但成果却可以代代相传，而且保留它们最初的状态，除非其部分遗失。这样一来就没有任何歪曲事实的余地，它们在诞生之初因为时机环境而遭遇过的偏见，也将随时间消散。而且，通常也只有经过岁月的淘洗，作品才能遇到一位真正有能力评判它的人，天才的评论家们评判天才的作品，并相继给出有分量的结论。这些共同构筑了一个完全公允的评判，虽然有时候可能要经历数百年，但之后无论多久，都再也不会被推翻，如此伟大作品必将获得名声，永垂不朽。

而作者是否能在活着的时候扬名于世则取决于时运，通常作品等级越高、越重要，这种可能性就越小。塞涅卡有一句绝妙的评价:名声好比成就的影子,时而在前,时而在后。他随即还说:“尽管同时代的人因为嫉妒而集体沉默，但终会有一人给出公允的评价。”由此可见，即使在塞涅卡的时代，也有一些小人通过恶意忽略成就这样的手段来掩盖它的价值。他们将好的作品藏起来，而向公众鼓吹烂作品：这在今天也是一项众所周知的手艺，无论古今，都是因嫉妒而沉默的阴谋。

一般而言，一个人的名声来得越晚，其作品就越可能长久流传：因为好的成果需要时间来孕育。那些能够流传于世的名声就像橡树，生长缓慢；那些盛极一时的名声就像一年生的植物，来年就会衰败；而虚假的名声就像真菌，不过一夜便会消亡。

这又是为什么呢？因为如果一个作者越是属于后人，或者说属于人类整体，那通常在他的同代人眼中，他就越格格不入，因为他的作品本来就不是为同时代的人而创作的，而是为了全人类。所以，他的作品不带有那些能吸引他们的熟悉色彩，他的所作所为便不能被人们理解，不能被他们认同。

人们更倾向于欣赏那些服务于他们自己短暂时代的人，或者那些符合短暂潮流的人——他们属于时代、存于时代，并随之消亡。

艺术和文学通史表明，人类思想的最高成就往往在一开始是不受欢迎的；它们一直蒙尘，直到被更高智力水准的人注意到，通过他们的影响力获得了一定地位，并且凭借作者所赋予它们的品质巩固其地位，长久流传。

若要追问其原因，那就是人最终只能理解并欣赏那些与他们本性相似的事物。无聊的人喜欢无聊的东西；平庸的人品位也平庸；一个思想混乱的人会被同样迷惑的想法所吸引；而愚蠢的事物会吸引来一群无知者；但最不错的是，每个人都会喜欢自己的作品，因为这和他自己的性格一脉相承。记忆力惊人的埃庇卡摩斯也有过类似的表述，其大意为："如果有人对自己非常满意，并对自己充满美好的幻想，不要惊讶；因为对于狗来说，世界上最好的事物就是一只狗，对一头牛来说，就是牛，同样的，对驴来说是驴，对猪来说是猪。"

最强壮的手臂也不能将像羽毛一样轻飘飘的东西甩得很远；因为它本身不具备多少质量来成为动力的载体，非但不会加速飞向目标，而且很快就会落到地上，不管花多少力气都一样。同样，如果伟大高尚的思想和天才的杰作，只有少数头脑弱小、执拗的观众，那多可悲啊，古往今来的智者都为此叹息。西拉书之子耶稣曾说："向一个愚蠢的人讲故事好比对一个睡着的人说话，当故事说完的时候，他会问'怎么了？'"哈姆雷特说："傻瓜的耳朵听到了妙语连珠也会睡觉。"歌德也有同样的看法："愚蠢的耳朵会嘲笑最智慧的话语"，同时他还说："我们不必因为他人的愚蠢而灰心，因为如果你扔一块石头到沼泽里，也不会泛起任何涟漪。"

利希滕贝格问："当脑袋和书本碰撞的时候，其中一样听上去空空如也，难道那总是书本发出来的吗？"另一方面，他还说："这样的作品就像一面镜子，如果一头驴过来往里看，也照不出一位贤者。"我们应当谨记老盖勒特[1]优美而动人的感慨："最好的礼物总是收到最少的仰慕，大多数人都颠倒了好坏，这项罪恶每天都在上演却无法阻止，就像一场无药可医的瘟疫。"其实要

1 盖勒特(1715—1769)，德国启蒙运动作家。

做的只有一件事，但万分困难！那就是要让愚蠢的人变聪明，但这永远也不会发生。他们从不知道生命的价值，用外在的眼睛去看世界，而不会使用心灵的眼睛，他们只知道赞美微不足道的小事，因为他们不知道什么是真正美好的事物。

正如歌德所说，那些因为智力缺陷而无法分辨好坏的人，必须给自己加上一些放之四海而皆准的标准，即人类道德的劣根，以嫉妒之形显现。当一个人获得了新的名声，他便会在同侪中脱颖而出，而那些人的地位也就相应被降低了。一切显著的优点都是以牺牲平庸者为代价的，就像歌德在《西东合集》中所说："赞美一个人就是贬低另一个人。"

由此，我们知道，无论卓越以什么形式展现，绝大多数平庸之辈都会联合起来反对它，并尽可能压制它。他们的联盟口号是"打倒卓越"。更有甚者，自己已经有了一些成就，并享受到了名声，却非常忌惮新人上位，觉得他们会让自己的声誉蒙尘。因此，歌德宣称，如果我们必须依靠他人的喜欢而活，那其实我们就根本不会存在；因为他们更渴望凸显出自己的重要性，所以会欣然无视我们的存在。

相反，荣誉一般会受到人们应当的赞美，而不会遭受嫉妒的打压；事实上，如果不是事实证明其丢失，则每个人都拥有荣誉。名声却要通过战胜嫉妒得来，而组成授予这项桂冠的法庭的，就是对申请者充满偏见的法官们。我们能够与别人分享荣誉，名声却必须独占，追求它的人越多，就越难以获得。此外，一件作品要获得名声的难度与愿意阅读这件作品的人数成反比，所以学术类作者出名的难度比娱乐类作者要高得多。在所有的作品中，哲学作品要出名是最难的，因为它们的写作目的是模糊的，而且从物质的角度来说毫无价值，它们吸引来的读者往往也是哲学作品的作者。

因此，基于我之前所说的成名的难度，显然那些既不是出于热爱，也不是出于享受，而是出于野心才去艰苦追求它的人，很少甚至从未在人类历史上留下不朽的成果。那些追求善良和真诚行事的人，必须避开丑恶，时刻准备着对抗平庸大众的观点，甚至要对这些观点和其迷信者表示鄙视。所以，有句话说得太对了：名声避开了其追求者，反而寻找那些躲避它的人；前者试图去迎合当代人的口味，而后者则极力挑战它。

尽管获得名声很难，但一旦取得，要保持就很容易。在这一点上，名声与荣誉又完全相反，每个人都能拥有荣誉，不需要去主动赢得，只需要小心一定不能丢失它。但难的地方也在这里！一旦行为不当，荣誉就无法挽回。但是名声，从其意义来说，永远都不会消失。因为获得名声的行为或成果并不能被撤销，它们与作者绑定，即使他之后再无建树，已经获得的名声也不会消失。如果名声消失，或者还没有正主长寿，只能证明它本身是虚假的或者名不副实的，可能是由于一时高估了其作品。后来人在面对上面闪闪发光的所谓“名声”时，只会觉得好笑，就像一个精致的鸟巢，里面的鸟儿早已不知所终。敲开这破败的传统之门，就会发现其中空空如也！其中毫无思想的痕迹，让路过的人一点儿也不想进去。

实际上，名声只是一个人与别人比较时的样子。它在本质上是相对的，因此，只具有间接价值；因为当别人的名气和他一样的时候，名声就不复存在了。绝对价值取决于一个人在任何情况下都拥有的东西——也就是这个人直接、内在的样子。值得拥有的是伟大的心灵或头脑，而不仅仅是它们的名声，这两者有益于人生幸福。人应该尊重的不是名声，而是背后那个能让你值得被知晓的东西。伟大的心灵或头脑才是实质，名声只是意外所得，主要是作为前者的一种外在表现，以验证自己对它的认可。正如物体只有在反射光线时才能被看到，才能也只有通过外界吵吵嚷嚷的名声来肯定自己的价值。但名声也不总是代表着美德，也可以名不副实，正如莱辛[1]所说：有些人有名无实，而有些人有实无名。

如果生命存在的价值或价值追求，完全有赖于他人的看法，那实在是太可悲了。如果人生的价值就在于名声，在于被世界的掌声所包围，那英雄和天才的一生也就是如此。每个人都是为自己而活，所以最主要的是自己的内在，以及自己想要什么；自己比其他任何人都关心自己是什么样的，过得如何。如果在这些方面不值一提，那么他在其他方面也就没什么价值了。别人怎么看待他的存在都是次要的、衍生的，为命运所掌控，到最后也只能对他产生间接的影响。另外，如果把别人的脑袋当作自己真正幸

1 莱辛（1729—1781），德国启蒙思想家、文艺理论家和剧作家。

福的家园，那得多么悲惨啊，他人的想法也许可以承载幻想出来的幸福，却无法安顿真正的幸福。

在世俗名声的殿堂里，真是什么样的人都有！——将军、大臣、江湖郎中、杂技演员、舞者、歌手、百万富翁和犹太人！在这座殿堂里，人们把更多真诚的认可和尊敬都给了这些有一技之长的人，而对于那些真正伟大的，甚至属于更高层次的头脑，普罗大众却只是表示口头认可。

从人类幸福的角度看，名声只是一道难得而精致的开胃菜，不能填满人类对自豪和虚荣的贪婪胃口——不管多么小心地隐藏，实际上人人都对它们有着无法节制的渴望，而或许那些不惜一切代价想要成名的人的渴望是最强烈的。这些人通常会在不确定自己的价值的情况下，惴惴不安地等待时机，直到向大众展示自己的机会降临；但在那之前，他们都觉得自己在暗暗遭受着某种不公正待遇。

但正如我在本章开头所说，人们往往过于看重他人的想法，这与其实际价值并不对等。霍布斯[1]在这个问题上做过很犀利的表达，毫无疑问，他的说法非常正确：当将自己与他人比较时，只要结论是我们优于他人，我们就会感到精神愉悦，或是狂喜。由此，我们可以理解为什么人们如此看重名声，只要有任何机会，就要不惜一切得到它。

1 托马斯·霍布斯（1588—1679），英国哲学家。

名声是明净灵魂偶尔的冲动
（这是高贵头脑的弱点）
由此人们对快乐视而不见，过上操劳的日子

另外：

名为名声的骄傲殿堂矗立在高处，熠熠生辉
要攀登上去，何其艰难！

如此，我们就能理解，为什么世界上那些最空虚的人总是在谈论荣耀，这是因为他们盲目坚信这就代表着伟大的行为和伟大的成果。但毫无疑问的是，名声在本质上只是次要的，只是功绩的回声或反射，就像是实物的影子或者某种外在物。在任何情况下，真正令人钦佩的东西应该比这种钦佩本身更具价值。其实，真正让人幸福的并不是名声，而是为他带来名声的东西，也就是他自己的功绩，或者更准确地说，是这些功绩最基本的品性和能力，无论是道德层面的，还是智力层面的。一个人天性中最好的方面，对任何人，一定都不如对他自己重要，而其反射及别人脑子里对他的看法，只能对他产生次要的影响。那些本应出名却没有成功的人甚至拥有更重要的幸福要素，能够安抚、慰藉他在其他方面的损失。被一群无能而头昏脑涨的庸人看作伟人，并不值得嫉妒，我们应该羡慕那些真正的伟人，而他们的幸福不在于流芳后世，而在于自己创造出了能被后世流传、学习、钻研的作品。

如果一个人能做到这些，那他就拥有了无法被剥夺的东西，与名声不同，这是完完全全依靠其自身产生的。如果受人钦佩本身是他的主要目标，那他就没什么值得佩服的了。这就是所谓的虚名，也就是不应有的名声；名声只是价值的外显和表面，虚名的接收者并不具备其背后的坚实基础。虽然虚名会让它的主人充满各种自恋的幻想，但总有一天，当他站在名不副实的高处时，还是会感到晕眩，甚至觉得自己就像一枚假币。他会担心自己被发现和被降级，为此痛苦不已，面对真正的智者时，他仿佛已经看到了后人的评价——就像一个靠着伪造遗嘱继承财富的人，惴惴不安。

最真实的名声，是身后之名，其主人从未听到过，但人人都说他是个幸福的人。他的幸福即在于拥有了那些可以带来名声的好品质，也在于获得了发展这些品质的机会——他可以跟随自己的心意行事，全心全意地投身到自己最热爱的事业中去。只有用心创造出来的作品才能摘得名声的桂冠。

灵魂的伟大和才智的丰富，才能让人真正幸福。例如，当才智在作品上留下烙印，便会受到后世的敬仰；而那些在当时使作者感到幸福的思想，也能转而成为聪明人未来的学习和快乐之源。身后之名的价值在于实至名归，这是它对接收者唯一的奖励。一位作者的作品是否能在他尚在人世的时候就蜚声于世完全要靠运气，而且并不十分重要。因为普罗大众根本没有判断力，当然也就不能理解和欣赏伟大作品的艰涩之处。人们总是为权威所左右，当一件作品声名远播的时候，就说明有百分之九十九的人仅凭对权威的信服就能够认可它。如果一个人在世的时候就非常有名气，他足够聪明的话，就不会把这太当回事，因为那不过是极个别声音回响的结果，只不过是走了好运而已。

如果一群聋哑人听音乐，为了掩盖自己的缺陷，只要看到有人鼓掌，就跟着大声鼓掌，那么这位表演的音乐家如果知晓这一情况，他还会因为获得了热烈的掌声而沾沾自喜吗？如果知道这带头鼓掌的一两个人只是因为收了钱，才在表演最糟糕的时候带头调节气氛，他又会作何评说呢？

由此，也很好理解为什么当代的赞美很少会发展成身后的名声。达朗贝尔[1]对文学的殿堂有一段非常妙的说法：文学的圣殿是伟大亡者的庇护所，但在他们活着的时候，那里没有他们的位置，少数的几个活人，却往往一死就被赶出来了。顺便说一句，如果为一个尚在人世的人建立纪念碑，那就等于宣告不相信让后人来评判他。如果某人碰巧在活着时享受到了真正的名声，那也很少发生在他年轻的时候，虽然有艺术家和音乐家不受这条规则的束缚，但哲学家却极少例外。那些因作品而闻名的作者肖像可以证明这一点，大多数肖像都是创作于其模特已经出名之后，而大多数都表现为年老的形象，哲学作者尤其如此。从幸福论的角度来看，这样的安排非常合适；因为要同时承受名声和青春，对

1 达朗贝尔（1717—1783），法国物理学家、数学家和天文学家。

于一个凡人来说太过沉重。人生艰难，必须对每一样好东西都做精打细算的安排。青春本身就已经能自给自足，应该感到知足，好好珍惜。但到晚年，人生的欢乐和喜悦逐渐散去，就像秋叶从树上落下，名声就会适时地萌芽，就像冬天里依旧青绿的植物一样。名声就像需要一整个夏天来生长才能成熟的果实，要等到圣诞节才能享用。当人年老的时候，能拥有一部投入整个青春而创作的、不朽的作品，没有比这更大的慰藉了。

最后，让我们稍微研究一下不同智力追求所产生的各种名声；因为我所论述的，其实就是针对这种名声。

我认为从广义上来说，智力的优越性表现为能够形成理论，也就是能够将特定的事实重新组合。这些事实可能各式各样，但它们越是来自日常经验，通过梳理它们所获得的名声就越大，传播得就越远。

比如，如果我们所说的这些事实有关数字或几何，或是某些特殊的学科，比如，物理学、动物学、植物学、解剖学，抑或是与古代作家的散落作品、无法辨认的铭文或文章有关，也可能与某种未知的文字，或者模糊的历史文物有关；通过恰当地组合这些事实而获得的名声，只能局限于对应的学术圈子，而无法向外传播。他们中的大多数都退休隐居，只有少部分人会对在圈子里出名的那些人心怀嫉妒。

但是，如果他们研究的这些事实人人都知道，比如，与普世的人类思想和心灵基本特征相关，或者有关我们肉眼可见、持续运转的伟大物理规律或者自然法则；通过研究这些事实发现和传播的新理论而带来的名声，早晚都会传遍整个文明世界。因为如果每个人都能掌握这样的事实，那么这些理论一般也能够为大众所理解。但名声的高低取决于所攻克难题的困难程度。事实越是广为人知，要从中形成一个既新颖又正确的理论就越困难：因为有太多人在研究它们，要从中说出新意比登天还难。

另一方面，如果这些事实本身并非人人都可获得，或者要克服许多困难、花许多力气才能得到，那研究它们就总是能得到新的组合和理论。所以，人们只要对它们进行充分的理解和判断，并不需要太高的智力，或许就能够轻松而幸运地发现相关正确的新理论。但这样获得的名声就只能在具备相关知识的人中间传播。想要解决这类问题，无疑需要进行大量的学习和劳动，即便只是为了弄懂事实；但想要获得最大、传播最广的名声，在获得事实上倒不用花什么力气，但相应的就需要更多的才华和天赋。这些品质和研究工作之间并没有什么可比性，无论是从内在价值还是外在评估来看都是如此。

因此，那些觉得自己智力上佳、判断高明，却又不是顶尖聪明的人，不应害怕艰苦的研究；因为这样他们才有可能超越那些蒙昧的普罗大众，通过不怕艰难的学习最终到达曲径通幽之所。

这些领域人迹罕至，故而鲜有对手，一个能力中等的人很快就能有机会发现并公开一项既新颖又正确的理论；而这一部分要归功于前期获取事实所付出的努力。但只有那些具备这些学科知识的学生才会为他鼓掌，这掌声对于远方的群众来说非常微弱。如果我们足够深入地探讨这种名声，最后得出的结论是：如果一些事实本身就非常难以获得，那它们本身就足以成为名声的基础，也无须形成任何理论。比如，探险家行至偏远、不为人所知的国家，因其见闻而非思想而出名。这种成名方式最大的好处就是，相比分享自己的思想，传播所见所闻要容易得多；相比观点，人们也更容易理解描述类的信息，更倾向于阅读这类作品。正如阿斯玛斯所说："远行之人，总有故事。"尽管如此，在与知名旅行者们的接触中，我们也会常常想起贺拉斯的一句话："新的见识并不总意味着新的思想。"

一个人如果拥有强大的精神力量，就应该走上解决难题之路。这些问题涉及整个自然界和最广义的人类整体，他必须在各个领域均衡地拓展自己的见识，而不是迷失在错综复杂的各种旁枝中，或者涉足过于深入、鲜为人知的领域。换句话说，他不能投入某个特殊学科，更不能对细枝末节著书立说。他不必为了躲避竞争而寻求那些本身难以接触的学科，生活中日常所见的素材就能使他马上投入严肃而正确的新理论研究，而他的成果将为同样熟知这些事实的人们，即普罗大众所推崇。物理、化学、解剖学、矿物学、动物学、语言学、历史学的学者与那些研究人类生活真相的诗人和哲学家之间的差别多大啊！

第二部分

忠告与格言

既然本部分的目的在于给出一套完整的忠告与格言，我就不得不重述已经由各个时代的思想家所提出的那些规则，其中有些非常精彩，从塞奥格尼斯到所罗门再到拉罗什富科，如此，便不可避免地要带给读者们一些老生常谈。尽管如此，我依然不敢宣称本书相比我的其他著作更加穷尽主题。

一个不主张作品完整性的作者还必须在很大程度上放弃自己的作品的系统性。由于这两方面的缺失，他的读者可能会认为对人生指导这一主题进行穷尽或系统化的处理极为费神。我只是简单地将自己觉得值得交流的思想记录下来，据我所知，这些想法都前无古人，或者至少没有以相同的形式发表过。因此，我的言论可作为对这个广博领域已存成果的一些补充。

然而，接下来的内容将要对诸多事宜提出建议，为求有序，我将按照以下顺序进行论述：（1）一般规则；（2）我们与自己的关系；（3）我们与他人的关系；（4）与我们的生活方式和世俗环境相关的规则。最后，我将就生活的各个时期让我们发生的变化做出评论，以此作为这一部分的结尾。

第一章　幸福的规则

1

在我看来，人生智慧指导的首要原则，亚里士多德在《尼各马科伦理学》中已经顺带提到了：智者应该致力于摆脱痛苦，而非寻求快乐。

这句话的真理在于揭示了幸福的被动特征，即快乐只是对痛苦的否定，而痛苦才是人生中掌握主动的因素。虽然我已经在我的主要作品中详细证明了这一命题，但我还是可以在这里再提供一种从每天的日常中衍生而来的说法。假设我们浑身上下除了一两处伤痛部位外，基本处于健康状态。但只要这些部位发生疼痛，就会吸引我们全部的注意力，让我们失去幸福感，打破生活中的所有慰藉。同样，当所有的事中只有一件不如我们所愿，那这仅有的一件没有达到目的的事就会长期困扰着我们，即使它本身微不足道。我们老想着它，却很少去想那些其他更重要的、已经做成了的事。在这两个例子中，受挫的都是我们的意愿。在第一个例子中，具象为我们的机体；第二个例子中，则表现为生活的斗争。在这两个案例中，很明显，意愿的满足其实就意味着意愿不受阻。因此，这种满足是不能直接感受到的，最多，当我们后来反思这些情况的时候，才能有些许感知。但那些制止或限制意愿的东西是主动的，它们大声宣扬着自己的存在。而所有的快乐其实只是短暂摆脱了这些枷锁，或者说，从它们的影响中解放出来。所以，快乐往往不会持续很久。

这正是前文亚里士多德那句名言的真实基础，引导我们把目标放在尽可能地躲避人生中数不胜数的灾祸，而不是保障快乐和愉悦。如果这不是正确的道路，那么伏尔泰所说的"幸福只是美梦，但悲伤却是现实"就是一个谬误，但它真实不欺。如果一个人想要书写自己的生命之书，并找到幸福的平衡点，那他悉数记下的就不该是享受到多少快乐，而是躲避了多少灾祸。这就是真正符合"幸福论"的方法；幸福论在最开始，从名字就可以看出，这是一种委婉的说法，实际上，所谓幸福地生活就是过得不那么不幸，过上可以容忍的生活。毫无疑问，上天赐予我们生命，不是让我们享受的，而是让我们克服、度过的。许多表达可以说明这一点——比如，拉丁语的"过活"（degere vitam）、"幸福"（vita defungi，字面意思为"放下生活"）；意大利语的"熬出头"（*si scampa cosi*）；德语里的"人必须尽力挺过去"（man muss suchen durchzukommen）和"经历世间"（er wird schon durch die Welt kommen），等等。到了晚年，想想生命的任务已经完成，确实是一种慰藉。最快乐的不是经历了最强烈的喜悦或最盛大的欢愉，而是在生命结束的时候，身体和精神上都没有巨大的痛苦。用喜悦或快乐去衡量人生幸福，其实是用错了标准。因为快乐向来都是被动的，所以人们感受到的幸福不过是一种错觉而已，还伴随着一种嫉妒——对幸福自身的惩罚。痛苦是主动的，因此，它的缺席才是幸福的真正标准。如果没有痛苦，也没有无聊感，那么俗世幸福的必要条件就已齐备，因为其他一切都只是空想而已。

由此而言，人绝不应该以痛苦为代价，甚至冒着招致痛苦的风险去追求快乐。这么做是牺牲主动、真实的东西，换取被动、虚妄的事物；相反，为了避免痛苦而牺牲快乐，则会带来纯粹的好处。无论哪种情况，痛苦是跟随快乐还是先于快乐到来都无关紧要。着眼于快乐和愉悦，而不是尽可能地逃离痛苦，试图将痛苦之境变成欢愉的花园，这本来就完全违背了自然规律，然而，多少人正是这样做的！采取悲观的立场是比较智慧的，将世界看成地狱，把自己的努力集中于建造一所能够免受业火灼噬的安全之所。无知者追逐着人生中的乐趣，最后发现自己惨遭欺骗；而聪明人躲避灾祸，即使早有防备还是陷入了不幸，那也只能责怪命运，而并非因为自己愚蠢。如果他的努力获得了成功，就不能说他过着虚幻的生活，因为他所回避的那些灾祸也是非常真实的。即使他为了躲避灾祸而牺牲了不必要的快乐，事实上，他也并没有因此而变得更糟，因为所有的快乐都只是空想而已，因失去任何快乐而悲伤都是糊涂而荒谬的。

乐观主义未能认识到这个真相是诸多不幸之源，还对此倍加推崇。在没有痛苦的时候，我们焦躁不安的愿望就出现了，它们就像一面镜子，呈现出一种现实所不能媲美的幸福景象，引诱我们去追随它。如果我们这么做了，就会给自己带来痛苦，那才是不可否认的事实。随后，我们就会为丢失了那种没有痛苦的状态而后悔万分，我们赌输了天堂，它永远离我们而去，想撤销所做的一切都只是徒劳。

由此，人也许会想这些愿望被满足的幻象本身才是邪恶的大作，它们的出现就是为了诱使我们远离那，其实那种没有痛苦的状态才是最幸福的状态。

漫不经心的青年人可能会认为世界就是用来享受的，好像它是某种真实存在的幸福居所，而只有不够聪明的人才无法克服沿途的困难，不能获得幸福。当他开始阅读诗歌和小说的时候，这种错误的观念慢慢会根深蒂固，他们被外在的表象，即这个世界贯彻始终的虚伪所欺瞒。就此，我要展开说明。这样的结果就是他的人生或多或少地在刻意追求这种“主动的”幸福，他觉得这一系列具象的快乐就是幸福了。在这样寻求享乐的过程中，也有危险，我们不应忘记这一点。他追逐着一个并不真实存在的游戏，故以遭受极度真实且主动的不幸而告终——痛苦、苦难、疾病、损失、担忧、贫穷、羞耻等千千万万的生活之苦。这时候他发现了其中的骗局，但为时已晚。

可如果一个人遵守我之前提到的规则，将躲避痛苦作为人生的计划来执行，换句话说，采取措施预防欲望、疾病等一切形式的苦难，而致力于真实的目标，只要他的计划不被追求“主动的”幸福的幻象所干扰，他就可能取得非凡的成就。这与歌德在《亲和力》中借米特勒之口所表述的观点一致，米特勒是一个总想让别人快乐的人，他说：人当然渴望摆脱灾祸，但渴望获得比现有更多的财富，却是盲目而愚蠢的。同样的真理也体现在法语箴言中：“好”的敌人是“最好”。所以，就不要画蛇添足了。正如我在我的主要作品中提到的，这就是犬儒主义哲学体系背后的主要思想。犬儒主义者之所以拒绝一切形式的快乐，难道不是因为痛苦其实总是或多或少地与快乐密不可分吗？对他们而言，摆脱痛苦似乎比确保享乐要简单得多。由于深刻认识了快乐的被动性和痛苦的主动性，他们一贯全力以赴地躲避痛苦。他们认为，要做到这样，首先就要彻底刻意地否定享乐，因为这只是为了让人们陷入痛苦的陷阱而已。

正如席勒所说，我们都出生在世外桃源。换句话说，我们满怀对幸福和快乐的期待来到这个世界，希望能将它们圆满实现。但是，依照惯例，命运很快就会粗暴、直接地告诉我们，我们实际上一无所有，世界上的一切都在它的掌控之中。凭借着绝对的权力，命运不仅坐拥我们所拥有和获得的一切，我们的妻儿，甚至四肢、手臂、腿脚、眼睛和耳朵，就连脸上最中间的鼻子，也归它所有。在任何情况下，经过一段时间之后，我们都会从经验中得知：一方面，幸福和快乐不过是海市蜃楼，只可远观而无法触碰；另一方面，折磨和痛苦就是现实，不需要任何媒介就能感受到它们的存在，也不需要依托任何幻想或者虚假的希望来让它产生效果。

如果我们能够吸取过去的经验教训，很快就会放弃对快乐和幸福的追求，转而更多地去思考如何让自己免受痛苦和折磨的侵袭。我们明白，这个世界所能提供的最好的东西，就是一种没有痛苦的生活，一种安宁的、可忍受的生活；我们的要求仅限于此，实现这个目标，我们就有把握多了。想要不过得非常痛苦，最稳妥的办法无非不要对过得非常幸福抱有期望。默克——歌德年轻时候的朋友，必然意识到了这个真理，他写道："正是人们对幸福的可怜追求，以及与其相应的欲望，毁掉了这世界上的一切。如果一个人可以摆脱这种要求，除眼前已经拥有的事物之外别无所求，那他将会取得进步。"因此，明智的做法是对享乐、财富、地位、荣誉等期望都加以合理限制。我们正是因为追求幸福生活、为了惊艳世界而努力奋斗，才招致了巨大的不幸。要我说，一个人极易过得非常不幸，而想要过得非常幸福却难上加难，甚至不可能，那么减少对人生的要求便是审慎而明智的。深谙人生智慧的诗人如此歌唱，颇为公道：

中庸之道，
既不在藏污纳垢的破屋，
也不在众人欣羡的王宫。
狂风到来时，
巨松摇摆，高塔坍塌，
被雷电击中的往往是高峰。

如果一个人深信我的哲学，就会知道，其实从一开始就不存在最好的生活，抛弃并否认这种想法是人生的至高智慧——这样他对生活中的任何事或任何情况都不会给予厚望，他将不会在任何凡俗的事物上浪费激情，也不会因为自己的事业失败而过分哀叹。他将深刻理解柏拉图的至理名言："人世间的事不值得忧虑。"或者如波斯诗人所唱的那样：

即使世间万物都溜出了你的掌控，
那也无须为此忧伤，因为它们没什么价值；
即使世界万物都在你的掌控，
那也不要为此快乐，因为凡尘事物都不值一提。
还会有更好的世界，
度过吧，快快度过吧，因为这毫无价值。

我们之所以不能得出这些有益的观点，主要障碍是世界的虚伪，而这种虚伪必须尽早揭示给年轻人。世间大多的荣耀都只是外在的表象，就像舞台上的布景，没有一样是真实的。船上张灯结彩、彩旗飘飘、礼炮轰鸣、灯火通明、锣鼓喧天，人们大声地欢呼、鼓掌，这些都只是外在表现，是"欢乐"的表象和暗示而已，就像象形文字"欢乐"一样。但在这些地方通常找不到欢乐。欢乐是唯一一位拒绝节日邀请的客人。在那些真正可能找到他的地方，他往往不请自来。他来的时候不会有正式宣告，而是悄无声息地溜进来。他总是出现在各种无关紧要的、琐碎的场合，和最普通的人打交道——简而言之，只要不是金光闪闪的显赫场合，哪儿都可能有他。欢乐就像澳大利亚矿藏里的金子，只会偶然地、时不时地被发现，毫无规则和章法；数量也总是很少，很少成堆出现。刚才我所描述的所有外在表现，都是为了让人相信，节日里有真正的欢乐，实际上，要给观众留下这个印象才是它的全部目的。

“哀悼”也是一样的，长长的送殡队伍前行得如此缓慢，看起来多么哀伤啊！成排的马车仿佛没有尽头。但它们的内核却是空虚的，一路上护送死者到坟墓的，其实只有整个镇上的马车夫而已。这幅图景是人世间的友情和尊敬的真实写照！这就是为人处世中的虚假、空洞和伪善！

再举一个例子——满屋子的客人盛装打扮，被隆重地接待。你会以为这群人都很高贵而杰出，但实际上，真正的来宾只有那些被强迫的、痛苦和无聊的人。因为那些邀请了许多人的地方，都是喧嚣之地，尽管与会者星光闪耀。不管在哪里，真正理想的团体规模都尽可能小。在那些盛大的节日和喧闹的娱乐活动背后，总有一层空虚的底色。有一种错误的论调是：这样的聚会与我们存在的痛苦和荒芜形成了奇特的对比。这种对比反而为现实带来了巨大的宽慰。那么，这样的聚会从外部看还是有效果的，而这就是它们存在的目的。尚福尔说得好：社会，也就是所谓的圈子、沙龙等社交活动，就像一出糟糕的戏剧或歌剧，本身一点意思也没有，只不过是一度依靠机关、服装和布景来支持。

在学术界和哲学界也是如此，你可以挂出一个招牌来宣称此处为智慧的所在，但智慧也是一位拒绝与会的客人，他只会出现在别处，摇晃着铃铛，穿着传道服，态度满是虔诚，举止狂热古怪，这些都是虚伪的，只是对虔诚的虚假表演。凡此种种，世界上的一切都像是空壳，几乎都没有内核，即使真的有，恐怕你也很难在壳中找到它。或许你能在别处找到它，但通常只能碰巧遇上。

2

要判断一个人是否幸福，不必问他为什么而高兴，而应该问他为什么而烦恼。他所烦恼的事物越是微不足道，他就越是快乐。为小事而烦恼，就说明他情况不错，因为如果一个人身处不幸，对小事是没什么感知的。

3

应当注意不要把人生的幸福建立在一个宽泛的基础上——不要为了幸福去追求很多东西。因为建立在这样的基础上的幸福非常容易被破坏。基础越是宽泛，就越能给意外提供机会，而意外总是会发生。在这方面，幸福的构建就要遵循与一般情况相反的体系——一般来说，基础越广泛，结构就越牢固安全。因此，根据你的物质能力，将对于幸福的诉求控制在可能的最低限度，是避免极端不幸的最可靠办法。

为人生做好最全面的准备——不管什么形式——是一种最严重却又最常见的愚蠢行为。首先，这样准备的前提就是假设自己可以长寿，能活到人类完整圆满的寿命，但有多少人能做到呢！即使能够做到，对于所有的计划来说，人生也还是太短暂了，实现它们所需要的时间远远超出我们一开始的想象，更不要说这个过程中还有多少艰难险阻！在这些人事中，最后能够达到目标的少之又少。

最后，即使达成了目标，却忽略了时间在我们身上造成的改变：我们忘记了，成就和享受的能力都不会持续一生。有些东西得到的时候，已经不再适合我们了，我们却要为此辛劳付出；而且，我们花多年时间准备某些工作，却往往在不知不觉中消耗了我们真正执行它们的能力。

这样的事情经常发生：某人克服重重困境和风险后积累下来的财富，自己却不能享受，只能把劳动的成果留给他人；或者某人在经历多年辛苦和拼搏后赢得高位，却已经无力胜任。对这样的人来说，运气来得太晚了；或者对于运气来说，是他来得太晚了。例如，当一个人想在艺术或文学领域取得伟大成就时，或许大众的口味已经改变；或许新一代已经成长起来，对他的作品不感兴趣；或者已经有人抄近路走在他前面，早就开始行动了。霍拉斯一定是看到了这些生活的真相，才感慨所有的建议都是无用的：

既然计划永远也不能完成
为什么要让身心疲倦呢？

这种最普遍的愚蠢行径之所以会出现，是因为每个人都会有心灵上的视觉错觉。在人生之初，我们觉得生命非常漫长；而后来，当我们回首过去，就会发现它是多么短暂啊！这一错觉也带来了一些好处，如果没有它，很多伟大的作品就无法完成。

生命就像一段旅程，随着我们前行，沿途的景观也变得与最初不同，当我们走近时，又再次发生变化。这就是现实，我们的追求尤其如此。在追求的过程中，我们经常会被别的东西吸引，或者发现还有比正在寻求的事物更好的东西；我们追求的东西其实在另一条路上，自己只是踏上了一条徒然之路。我们没有找到期望的快乐、幸福、欢愉，而是获得了经验、眼界和知识，但这些才是真实而永久的福祉，不是短暂而虚幻的。

人只要稍有价值，很快就会发现他们都被掌握在命运的手中，并感激不尽地臣服于它的教导和改造。他们认识到人生的果实是经验，而不是幸福。他们习惯并愿意用希望交换见识。最后，他们可以和彼特拉克[1]一起宣称，自己所关心的只有学习本身，甚至可能在某种程度上来说，他们依然遵循旧的愿望和目标，在表面上虚与委蛇；而实际上一直在认真严肃地寻求生命的指导。这

1 彼特拉克（1304—1374），意大利诗人，人文主义先驱之一。

让他们看起来有天才的气质和一种沉思而崇高的特质。

正如在搜寻黄金的过程中，炼金术士们发现了其他宝藏——火药、瓷器、药物、自然规律，在某种意义上来说，我们都是炼金术士。

第二章　与自我的关系

4

受雇于人的泥瓦匠可能对房子的整体设计一无所知；至少，他不会将其时刻牢记心中。人也是如此。在人生的各个阶段中，他们往往很少从整体性这一特征进行思考。

如果说一个人的职业有些许意义或重要性，或他为某些特殊的任务精心策划,那么他就应该时不时地将注意力转向自己的“规划”上，也就是人生整体轮廓的一个缩略图。当然，要做到这一点，他必须首先运用好“认识你自己”这句格言，必须在理解自己这项艺术上有些许成果。他必须知道自己人生中真正的、主要的目标是什么，也就是为了获得幸福，他最想要的是什么。然后，他接下来应该思考的是自己整体上的使命是什么，他必须扮演的角色是什么，他和世界的一般关系是什么样的。如果他能清晰地规划出自己的重要使命，那么看一眼这张迷你规划图，它比一切的刺激、敦促和吹捧都更能激励他采取行动，并使他不走弯路。

另外，就像旅行者只有攀登到高处时，才能将自己所走过的道路连贯起来，看清其中的曲曲折折；只有当我们完成了人生的某个阶段的时候，或者是接近人生尽头的时候，才能意识到我们所有行动之间的真正关联——我们取得了什么成就，进行了哪些工作。只有到那时，我们才能看到精确的因果关系，以及我们所有努力的确切价值。只要我们还真正为生活忙碌，就总是会依照我们的性格本质行事，受到动机的影响，并受限于我们自己的能力。总之，我们从头到尾都受到“必然规律”的限制，时刻都在做着自己看来正确和恰当的事情。只有到后来，当我们回顾整个生命历程及其整体结果的时候，才能知晓一切缘由。

当我们真正做一件大事，或者创造一件不朽之作的时候，其实是没有意识到的。我们只考虑满足当下的目标，实现我们此时的意愿，做当下应该做的事。只有当我们将生命视为一个相互联系的整体来看待时，我们的性格和才能才可以真正展现出来。此时我们会发现，在一些特殊的情境中，正是一些快乐的灵感，使我们在千万条可能走向毁灭的道路中选择了唯一的正途。那是才华给予我们的指引，这种力量不仅作用于知识探索，还作用于俗世事务。另外，它在对待邪恶和灾难时，也采用同样的方式。

5

智慧生活的另一个要点，就是在对当下和未来的思考之间维持适当的比例；避免因为过度看重其中一边而毁掉了另一边。有些人过于沉湎于当下——我指草率之人；而其他人，太过在意未来，总是很焦虑，忧心忡忡。很少有人能在这两个极端之间掌握平衡。那些努力奋斗、寄希望于未来，且活在对未来的憧憬中的人，总是看着前方，急不可耐地盼望着未来，认为一旦得到了它，自己就能幸福了。尽管他们看起来都很聪明，实际上却像在意大利见到的那些驴子一样，它们步履不停，是因为头上系着一个棍子，棍子前端挂着一捆干草。这些驴子努力去吃干草，却发现它们总是在前。这些人的一生都处于持续的幻想之中，永远过着“过渡期”的生活，直到死亡。

因此，我们不应总是盘算着计划，焦虑地看向未来，或者因为后悔过去而自我放弃，我们不该忘记，当下才是唯一的现实，是唯一确定的。未来几乎总是与我们的预期背道而驰，而过去也总是与我们所设想的大不相同。但总体来说，过去和未来其实都没有我们想的那么重要。事物距离越远，肉眼所能看见的形象就越小，在脑海中它却被放大了。只有当下才是真切的。这是唯一具有真实性的时刻，我们也仅存在于当下。因此，我们应该为它而感到高兴，给予它应得的欢迎，享受免于痛苦和烦恼、暂且可以忍受的每个时刻，充分意识到它的价值。但如果我们因为对过去失望或对未来焦虑而垮着脸，就很难做到这一点。拒绝当下的幸福，或者只想用对过去的恼怒和对未来的不安来毁掉它，都是极其愚蠢的。当然，我们也有时间提前规划，甚至是自我反省；但当这一切结束的时候，让我们告别过去，把它当作心灵必须经历的克制，把未来的一切当作超出了我们能力范围的事物，就留给造化去处理吧。

但对于当下，让我们记住塞涅卡的建议，把每一天都当作一生来度过。我们要尽可能愉快地度过每一天，因为这是我们唯一拥有的真实的时间。

只有那些必定会在某个特定的日期造访的灾祸才有权打扰我们，但满足这种描述的灾祸非常少。灾祸分为两种：要么是可能发生的；要么是不可避免的。即使是不可避免的灾祸，它们发生的时间也不确定。如果一个人总是为这两种灾祸而时刻准备着，那他将不会有哪怕片刻的安宁。因此，如果我们不希望因为惧怕灾祸而一辈子过得不舒服，其中一些灾祸本来就不一定会发生，而另一部分也不知道何时才会发生，那我们就应该当作前一种灾祸永远都不会发生，而后一种并不会立刻发生。

现在，我们内心的平静受恐惧的干扰越小，就越有可能被欲望和期待所激发。这就是歌德那首广受欢迎的歌曲的真正含义："我不寄希望于任何东西。"一个人只有在摆脱所有的自负之后，并寻求不经任何修饰的真实存在的庇护，才能获得人类幸福基础的内心平静。内心的平静！这就是享受当下的必要条件。只有每时每刻都能享受，人生的幸福才没有终点。我们应该明白，"今天"只会到来一次，不会再来。我们希望它明天可以再回来，但"明天"又是新的一天，只有一次。我们容易忘记，每一天都是生活中不可或缺的一部分，因而也是不可替代的，而不该将生活看作一个集体观念或名字，好像损失了其中一天也不会有什么关系。

如果在身强体壮的美好日子里我们能够想到：在生病和悲伤

的时候，每一个不受病痛和困苦侵扰的时刻，在我们的记忆中都是那么令人欣羡——就好像迷失的乐园，或者只有在那时才被视为朋友的人，那我们将会越加重视和享受当下。然而，我们过着幸福的日子却不自知，只有当灾祸来临的时候，才盼望它们回来。那么多快乐而愉悦的时光就在我们的坏脾气中被浪费了。我们让它们白白流失而不知享受，当天空乌云密布的时候才为它们徒然叹息。当下的那些可以忍受的时光，无论多么平庸普通，就在我们的冷漠中流逝，或者被不耐烦地赶跑，但这些才是我们应该敬重的时刻。永远不要忘记，时间的退潮正在把它们赶向“过去”，记忆在此将它们珍藏起来并转化，让它们闪耀着永恒的光辉——之后某一天，我们的生活充满阴暗的时候，才揭开它们的面纱，把它们作为我们最喜爱的遗憾展示出来。

6

限制总是能带来幸福。我们的幸福与我们的视野、工作范围、与世界的接触点的限制成比例。如果这些限制的范围非常宽泛，我们就更容易感到忧愁或焦虑；因为这意味着我们的担忧、渴望、恐惧都在加剧。这就是为什么盲人并不如我们所想象的那样闷闷不乐，不然他们脸上就不会有那种温和且近乎安详的平静表情。

限制能带来幸福的另一个原因是，生活的后半段比前半段更加沉闷。随着岁月的流逝，我们的目标视野和与世界的接触范围越来越广。在童年时代，我们的视野仅限于周围最狭窄的领域；而到了青少年时代，我们的眼界已经有了长足的拓展；成年之后，就涵盖了我们所有的活动范围，通常会延展到一个非常宽广的领域，比如，对省或者国家的关心；而到了老年，还会延展到子孙后代身上。

但即使是在脑力劳动方面，如果我们想要幸福，也必须设限。因为激活的意愿越少，我们遭受的痛苦就越少。我们已经知道苦难是主动的，而幸福只是被动的条件。通过限制我们外部活动的范围，可以减轻意愿受到的外部刺激，限制智力作用的范围，就能够减轻意愿受到来自内部兴奋源的刺激。后一种局限有副作用——它同时为无聊打开了大门，这便是无数苦难的直接来源。为了消灭无聊，人们往往会诉诸任何方便的手段——厮混、奢靡、赌博和酗酒等，这反过来又带来了一连串的胡闹、毁灭和痛苦。如果没有事做，人便很难保持安静。外向活动的范围限制对于人类幸福不仅是有益的，而且是必要的，或许从以下这一事实就可以看出：唯一描写人处于幸福的生活状态的诗歌——田园诗，作为典型处理，总是着眼于把人置于非常简单有限的环境中。我们从所谓风俗画中所获得的乐趣也正是基于这种感受。

因此，就我们的生活方式而言，尽可能地保持简单甚至单调，只要我们自己不无聊，就有助于获取幸福。因为在这种情况下，生活及其随之而来的基本负担，才会最不容易被感知到。我们的生活将像没有波浪和漩涡的小溪一样，平静地流淌。

7

我们是愉悦还是痛苦，最终取决于占据我们意识的事物。在这方面，如果头脑可以胜任，纯智力的工作通常比任何形式的体力劳动都更能让人感到幸福。成功和失败交替，不断产生着冲击和折磨。但必须承认,要从事这样的工作,卓越的智力是必要条件。基于这种联系，人们可能会发现，投身于外向的活动会分散一个人学习研究的精力，同时剥夺从事这些工作所需要的思考的能力。同样的，漫长的思索也会让人或多或少不适应真实生活中的嘈杂追求。因此，如果现实事务中需要任何程度的精力付出，建议暂时停止脑力劳动。

8

如果想过完全审慎自持的生活，并从经历中吸取一切教训，就要不断地复盘思考，对我们以往所行、所得的印象和感知进行概括，将以前的和当前的判断进行比较——以前我们立下的、努力实现的目标是什么？现在获得的结果和满意度又如何？如此是为了温习自己的经验教训，每个人都上过这样的一课。

世界上的经验可以看作一种文书，反思与知识构成了其中的批注。如果书中有大量的反思和知识，却只有很少的经验，那么这看起来就像是有两行正文，却有四十行批注的书。而如果其中有大量经验，却只做了很少的思考，知识点也寥寥无几，那看起来就像是某些版本的文献，没有任何注解，叫人难以理解。

在此，我给出的建议与毕达哥拉斯所推荐的一条规则相同，那就是每天晚上睡觉前回想一下，今天我们都做了什么。如果在忙碌烦琐的工作或休闲中随意地生活，而从不反思过去，就像是从生活的线轴中不断拉出棉线，对自己的本质没有任何清晰的认识。一个处于这种生活状态的人，情感会混乱，思想当然也是如此。因为这很快就会表现为突兀和支离破碎的话语，就像是被剁碎的肉馅儿。生活越是焦躁，周围越是充斥着各种幻象，自己的内心活动越少，人就越容易陷入这样的命运中。

在这方面，我们将观察到，当影响我们的事件和情境随时间而消失的时候，我们将无法找回当时在我们心中激起那种特殊情感的体验，但是，我们可以记得自己在它们的引导下说过和做过什么，事件的结果、表达便由此而来。因此，我们应该注意保留生活中重要时刻的思想记忆。因此，写日记有很大的好处。

9

自给自足，完全自我，别无所求，能够说：“我无所执，凡百有持。”——这无疑就是实现幸福的主要条件。因此，亚里士多德说：幸福就是自给自足，值得我们反复品味。从本质上说，尚福尔的一句妙语传达了同样的思想：幸福不是件容易的事，如果我们在自身无法找到，那在别处也找不到它。

因为尽管一个人除了自己之外无法依靠任何人，但他人所带来的负担和不利、危险和烦恼，却是不计其数且不可避免的。

追求物欲、欢愉、奢靡的生活是幸福之路上最大的错误，因为它的全部目的就是将我们的悲惨生活转化为一连串的喜悦、愉快和欢乐——而这必定会以失望收场，伴随而来的，还有人与人之间的相互欺骗。

所有社会存在的首要条件是：必须要求其成员相互包容适应，克己复礼。这意味着社会规模越大，就越没有滋味。人只有在独处时才能做自己，如果一个人不热爱孤独，也就不会爱自由。因为只有独处时，他才是真正自由的。社会中处处有约束，如影随形。一个人的个性越鲜明，就越难以忍受与他人交往时所要做出的牺牲。一个人会欢迎孤独、忍受孤独，还是躲避孤独，取决于他自身的价值大小。不幸之人在独处的时候只能感知到来自痛苦的负担，但伟大的聪明人，却会因有智慧而乐于独处。简而言之，每个人只能是他自己。

此外，如果一个人在自然的名册中非常靠前，那他应该会自然而不可避免地感到孤独。如果他的感知能够不受周围环境的干扰，那对他来说是有利的。因为如果他必须应付其他许多与自己性格不一样的人，他就会感到不安，内心无法平静。实际上，这些人会绑架他的自我，并且不会给他任何补偿。

然而，尽管自然在人与人之间设置了非常大的道德和智力差异，社会却无视它们，将其抹平。它甚至还建立起人为的差异，即地位和等级，这些差异通常与自然界的等级截然相反。这种安排的结果是，那些天生处于低位的人被提升了，而那些少数地位高的人却受到了打压。后者通常就会退出社会去隐居，于是这样的社会就完全被平庸大众所统治。

平权的主张会冒犯伟大的智者，因为这会导致人人都妄自尊大，这是他们的权利;但同时，能力的不同却对应不同的社会权利。所谓的“美好的社会”承认各种主张，但就是不承认智慧，把它当作违禁品。人们应该对愚蠢、愚昧、变态和愚钝表现出无限的耐心；如果具有才华，就必须请求别人的原谅，否则就得完全隐藏起来。因为智力优越本身就是对别人的一种冒犯，尽管这并不是其本意。

这种所谓的“美好社会”最糟糕之处不仅仅是让我们必须与自己无法赞美或喜爱的人为伍，还不允许我们做最自然真实的自己。为了所谓和谐，它迫使我们蜷缩起来，甚至完全改变我们的形态。智慧的对话，无论严肃还是幽默，都只适合智者的社会，而普通人完全厌恶这些，要想取悦他们，智者必须自己也平凡无奇。这就要求聪明人进行严厉的自我克制，为了变得和别人一样，我们必须放弃四分之三的自我。当然，作为补偿，我们可以获得他们的陪伴。但一个人越有价值，就越会发现，他所获得的收益并不能弥补他的损失，得不偿失。因为和他们打交道的那些人，往往都破产了。也就是说，这些社交圈并不会因其无聊、烦忧和讨厌而给他们补偿，也不能弥补要求他们做出的自我克制。因此，大多数社交的构成都是如此，那些愿意放弃它而选择独处的人，往往获利颇多。

这还不算完。货真价实的卓越是非常少见的，而且一旦出现就叫人难以忍受。通过提供一种替代品，社会任性地采纳了一种虚假的卓越，这种传统以保守为特征，基于武断的原则，从上层社会中承袭下来，就像某种密码，可以任意修改，这就是所谓的"时髦"。每当这种虚假的卓越与真正的卓越交锋，弱点就暴露无遗。此外，当"时髦"来临时，"理智"就离开了。

除了自己，没人能完全与别人相和，即使是一生的挚友或者伴侣。个性和脾性的不同往往会带来某种程度的不和谐，尽管可能非常细微。真正的、深刻的内心平静，完美的灵魂安宁，是这世间除了健康之外最高的福祉，只有在独处时才能得到，而要永久拥有它，则需完全避世。如此，如果一个人自身还有一些伟大而丰富的内涵，那么，在这个不幸的世界上，他的生活方式就是最幸福的了。

坦白一点说，无论友谊、爱情、婚姻之间的纽带多么紧密，一个人最终只能依靠自己和自己的福祉，最多只能稍微仰仗自己的孩子。一般来说，无论是公事还是私事，与他人必须进行的接触越少，你就能过得越好。确实，孤独和寂寞有其弊端，但即使你不能马上同时感知它们，也差不多知道它们在哪里。另外，社会在这方面是阴险的，它向你们提供看似愉快的社交消遣，其伤害威力巨大且无法弥补。年轻人应该尽早接受忍耐孤独的训练，因为那是幸福和内心平静的源泉。

由此，可以得出结论，一个人如果把资源都用到自己身上，并且完全独立自主，那就是最好的选择。西塞罗甚至说“处于如此状态的人，不可能不感到非常幸福”。一个人的内心越丰富，别人对他能产生的影响就越小。这就是自给自足的感觉！这让那些内心世界丰富的人与外界交往时不会付出巨大牺牲，更不要说用自己的方式为此进行自我克制。普通人善于交际和与人相处，只是处于相反的感觉——他们觉得与别人相处要比与自己相处容易得多。此外，这个世界对于真正有价值的事物并不尊重，对那些毫无价值的玩意儿却非常推崇。所以，避世就成为品格优异的证明和结果。那些真正有价值的人的聪明就表现在，为了保持或扩展自由，将需求限制在必要的范围内，如果必须与他人建立关系，就尽可能避免亲密。

我之前说过，人们忍受孤独的能力决定了他们的社会性，也就是他们自己的社交圈。他们厌倦了自己，这种灵魂上的空虚驱使他们与他人社交、去国外旅行。他们的心灵缺乏弹性空间，自己不会运动，因此，要从外界给它一些刺激，比如酗酒。单是这个原因就造就了多少醉汉！他们一直在寻找某种程度的刺激，他们能忍受的最强的一种刺激，就是与臭味相投的人在一起。如果没能找到，他们就会一蹶不振，变得死气沉沉。可以说，这些人本身只拥有一小部分人性，需要一大群才能凑个整，成其为人，有所知觉。一个完整意义上的人，一个卓越的人，并不是一个部分，而是一个整体：他本身就是完整的。

从这个层面来说，普通的社会就像是俄国号角乐队所演奏的音乐。每只号角只演奏一个音符；每个音符在恰好的时机出现，组成了乐曲。每只号角的单调声音，正是对大多数人思想的精准演绎。人的脑袋里只有一种思想，这是多么常见啊！而且再也容不下别的。这就不难理解为什么人们都如此无聊，为什么会善于社交，喜欢成群结队，为什么人类具有如此强的群居性。正是因为他们本性单调，才会觉得孤独如此难以忍受。愚蠢是自身的负担。必须将许多人聚在一起，才能够获得一些结果——你们的号角才能吹成曲子！

聪明人就像一位独奏音乐家，使用单件乐器，比如钢琴，就能自成一个小小的乐队，而无须别人的配合。这样的人本身就是一个小世界，能够凭借一己之力，专心致志，创造出各种乐器协同的效果。就像钢琴，虽然在交响乐中没有它的一席之地，但非常适合独奏，自己表演；或者也可以作为主导与其他乐器合奏，就像在歌唱中，由它定下基调。这个比喻可能给那些热爱交际的人带来一些好处，能从中概括出一条普遍规律，即素质的不足可以用数量来弥补。对聪明人来说，有一个人陪伴就足够了；但如果你身边只有普通人，那么就尽可能多交往一些，因为通过让他们协作，也能获得一些优势——就像前面说的号角一样，唯愿老天赐予你耐心！

我所提到的那种精神上的匮乏和灵魂的贫瘠还带来了另一种不幸：当上等阶层的人为了推广一些崇高或理想目标而结交别人时，总会招致无以计数的普通大众，不管在哪里都是如此，就像蝗虫一样——他们的目标是摆脱无聊，以及其他天性的缺陷。一旦有任何可能，他们都会立刻抓住，无一例外。他们中的一些会悄悄潜入这些群体，或者强行挤进去，结果是要么很快将其毁灭，要么就将它们变成了与其初心截然相反的存在。

除此之外，社交冲动还可以从别的角度来考虑。在寒冷的日子里，人们挤在一起可以取暖，用同样的与他人交心的方式也可以温暖你的心灵。但一个充满智慧的人不需要这些。为此，我曾写过一则寓言，可以在别的作品中找到。一般来说，一个人的社交能力几乎与他的智力价值成反比：某人非常不善交际，那几乎等于是说他能力很强。

对于这样的人来说，孤独有双重的好处。首先，孤独让他能够与自己相处；其次，还让他不必与他人相交——这实在是很大的优势，与外界交往的过程中有太多的束缚、烦恼甚至危险。让·德·拉布吕耶尔说得好：所有的麻烦都来自不能独处。社交是一件非常冒险，乃至致命的事，因为这意味着与外人接触，而他们大多数是道德败坏、愚钝或鲁莽的。不善社交就意味着不必在意这些人，能够自给自足，而不需要他人的陪伴，实在是一件幸事。因为我们的苦难大多来自与他人的关系，而这破坏了内心的宁静，正如我说过的，这是人生幸福的第二要素，仅仅排在健康之后。没有一定程度的孤独，内心的平静是不可能的。犬儒派的学者放弃所有的财产，以享不受其扰之福；而为了同样的目的放弃社交，是一个人可以做的最明智的事！贝纳丹·德·圣比埃有句话说得漂亮又贴切："节制饮食有益健康，节制社交有益安宁。"一个人如果在早年就能够接纳甚至喜欢孤独，那就好比赢得了一座金矿，不是人人都能做到的。人们社交的首要原因是他们相互需要，而当这种需要被满足之后，无聊又再次让他们聚在一起。如不是出于这两个原因，人们就可能会选择保持孤独的状态。因为在每个人眼中，自己都仿佛是世界上唯一的人，只有在独处的时候，人才能充分感受到自己的这种独特性、重要性。而在现实生活的熙熙攘攘和压迫中，这种感觉很快被挤压殆尽，每走一步都被生活所否认。由此看来，孤独才是人原始、自然的状态，独处的时候他们就像亚当一样，得到了天性允许的最大幸福。

但是，难道亚当没有父亲或母亲吗？从这个角度来说，孤单好像又不是自然的状态，因为当一个人降临世界的时候，就与他的父母、兄弟姐妹，或者说社会在一起，并不是孤单一人。因此，不能说热爱孤独是出于人性的原始特征，它是经验和思考的结果，而这些反过来又依托于智力的发展，是随着时间日积月累的。

一般来说，社交能力与人的年龄成反比。如果让一个小孩子自己待几分钟，他可能就会因为害怕而可怜地啼哭；等他再大一点，独自关禁闭就是一种严厉的惩罚。年轻人很快就能彼此熟悉、相处融洽，只有少数心智高尚的人乐于独处；但要让他们一整天都自己待着，也是不太愉快的。但一个成年人就很容易做到这一点，独自待着对他们来说并不是什么大问题，而且随着年纪的增长，越来越不在乎。一个比身边所有朋友都长寿的老者，生活中的快乐对他来说都是索然无味的，心如止水，最适合独处。对个人而言，隐退和独居倾向往往与智力成正比。

正如我先前所说，这种倾向并不是纯自然的，它并不是作为人类天性的直接需求而存在的，而是经历体验的结果，是反思我们真正需求的产物，尤其是对大多数人可怜本质的洞察，不管是道德上还是才智上。最糟糕的是，对于个人，道德和智力上的缺陷往往是紧密联系、相互作用的，这导致了那些讨人厌的结果，使得与大多数人相交变成了一件不愉快、无法忍受的事。因此，尽管世界上有许多非常糟糕的事，但最糟糕的还是社交。甚至连伏尔泰，那个善于交际的法国人，也不得不承认：世界上到处都是不值得与之交谈的人。对于希望独处，彼特拉克给出了相似的理由——温柔的人啊！如此强烈而执着地热爱独居。他说：溪流、平原和森林都很清楚，他是如何努力逃离那些错失了天堂之路的愚人的。

他在自己那本有趣的著作《论独处》中做了进一步阐述，齐默尔曼关于独处的作品可能就是从中获得了灵感。人们对孤独的喜爱是次生的、间接的，尚福尔在以下几句话中用他独特的讽刺口吻表达了这个意思：我们有时说一个人喜欢独居，就说他们是不喜欢大家，这就和说一个人不喜欢晚上在森林里走路，那就是不喜欢散步一样。

波斯诗人萨迪的《玫瑰花园》表达了类似的情感，他说："从那时起，我们选择离开社会，避世而居，这才享受到了孤独带来的安全感。"石勒修，一位非常温和有礼的基督教作家，也用他充满神话色彩的语言说出了同样的感受，他说："希律王是共同的敌人；当上帝向约瑟发出警告，我们便要从现世逃往孤独，从伯利恒飞往埃及；否则前方只有痛苦和死亡在等候！"

布鲁诺[1]也宣称自己是孤独之友，他说，那些渴望首先过上神圣生活的人，都会齐声说道："让我远去吧！我要在旷野居住。"

在上文已经引用过的作品中，萨迪还对自己说道："因为厌倦了我在大马士革的朋友们，我就逃到耶路撒冷附近的荒漠之中，与野兽为邻。简而言之，那些被普罗米修斯用比较好的黏土造出的人都说过同样的话。那些人与自己唯一的共同点就是最低级、最不崇高的人类本性，也就是最平凡、最琐碎而庸俗的那一部分，与他们相交又能得到什么快乐呢？那些人自己既然不能提升到更高的水平，只致力于把别人拉到与自己同样的高度，对他们还能有什么期待呢？"这种对隐居和孤独的倾向，在根源上是一种贵族感。

无赖是最善交际的——多么可悲！一个人品格高尚的主要标

1 布鲁诺（1548—1600），意大利哲学家。

志就是他不能从别人的陪伴中获得许多乐趣。随着时间的流逝，他会越来越喜欢独处，除了极少例外，他会逐渐发现，世界没有给他们别的选择，要么孤独，要么庸俗。这话不太好往外说，但即使是充满基督徒式温柔与爱心的石勒修，也不得不承认这是真的。他说：无论孤独有多么痛苦，都要小心不要变得庸俗。否则你将置身无尽荒漠。

伟大的思想家们（人类真正的导师）对他人的陪伴漠不关心，这是非常自然的，就像校长不会想要和身边吵吵嚷嚷的男孩子们打成一片一样。他们的使命是引导人类渡过谬误之海，走向真理的港湾——从野蛮庸俗的深渊上升到文明优雅的光明中。这些有智慧的人生活在这个世界上，但并不真正属于这个世界。从很早的时候开始，他们就感知到自己和他人的明显差异。只是随着岁月的流逝，他们才逐渐明白了自己的位置。他们在智力上的孤独，又由现实中孤独的生活方式来巩固。任何没有在一定程度上从世俗的粗鄙中解放出来的人，都是不能够接近他们的。

由此，显而易见，对孤独的热爱不是来自人性直接、原始的冲动，而是次生的、慢慢养成的。它是高贵头脑比较明显的一种特征，若没有克服一定程度的自然欲望，是不能发展起来的，而且需要时不时地抵抗魔鬼的鼓动——它们会恳求你放弃“忧郁而毁灭性”的孤独，寻求群居的生活，去社交。它们会说：“即使是最坏的情况，你至少也能有个伴儿。”

别再独自悲伤，
它就像一只秃鹰，会吞噬你的生命：
即使是最糟糕的陪伴，
也至少能让你感到与人同在。

孤独是所有伟大思想者共同的命运，虽然有时候令人痛惜，但两者相比，孤独所要承受的痛苦更少一些。随着年岁的增长，人会变得更容易说出——要敢于做聪明人，敢于求知！而在六十岁之后，独处的倾向更变成了一种真实、自然的本能，因为到了那个年纪，所有条件都适合独处。到了那时，与女人交往——这种最强的冲动，也几乎对我们没有影响了。老年对性的冷淡为自给自足的状态建立了基础，逐渐地对于他人陪伴的渴望也就消散了。千千万万的幻想和愚念都被克服了，人生中那些活跃的年月也已大多过去，人也就不再有期待、计划或意图。我们所属的那一代人已经是过去时了，新的一代已经冉冉升起，对他们来说，我们就好像是局外之人。然后，随着年龄的增长，日子过得越来越快，我们希望将剩下的时间投入思想的发展，而不是日常生活。因为只要头脑还可以运转，依靠我们已经具备的学识和经验，以及我们发挥各种技能所获得的便利，不管是追求研究哪一门学科，都会变得前所未有的轻松和有趣。过去被掩盖模糊的种种，现在都变得清晰，获得的成果会让我们有解决问题的快感。基于长期的经验，我们已经不再对人类怀有希望。总的来说，我们发现，与人相交更深，并不能给你带来更多；而且，除了极少数幸运的例外，我们通常遇到的人都有这样那样的缺陷，最好敬而远之。那时候，我们已经不再为生活中的普通幻想所累，在个别情境下，我们还能很快看出人的本质，进而几乎不会想要与这些人建立更亲密的关系。最终，孤独、拥有我们自己的小社会，会成为一种习惯，这已经变成我们的第二天性，如果我们从年轻的时候就能与孤独友好相处，那便更是如此。在之前，喜爱孤独需要以牺牲对社交的渴望作为代价，而现在却成为我们自然性格的一种简单品质——是我们生活中的一个恰如其分的要素，就像水之于鱼。这就是为什么那些拥有独特性格的人——他们与众不同故而必然被孤立——会感觉到随着年龄的增长，他的立场不像年轻时那么有负担。

因为实际上，这正是一个具有相当智慧的人年老时才能享受的特权，精神力量最强的人最能体会，虽然某种程度上人人都能有所感受。只有那些本质非常贫瘠且粗俗的人才会在年老的时候还和年轻时一样善于交际。但随后，他们将成为社会的累赘，不再适应，甚至不能为其所容忍。虽然在以前，他们是为社会所需要的。

年龄与社交能力成反比的另一面，是有助于教育的。人越是年轻，在各个方面需要学习的东西就越多，所以，自然会给他们提供一个相互教育的系统，在人年轻的时候，只是与他人进行单纯的交往，就能收获教导。从这个角度看，人类社会就像是一个实行“相互教学”制度的巨大学院，与书本和传统学校式的教育相对，后者是人为的，有违自然的教育精神。所以，人在年轻的时候在自然的学院中当一个勤奋的学生，这是恰如其分的。

但正如霍拉斯所说，生活中没有百分之百的好事，或者用印度谚语来说，“莲花也是有茎的”。避世而居固然有许多好处，但也有小小的烦恼和缺点，虽然这些与社交所带来的烦恼而言微不足道；对于任何一个自身具备价值的人来说，不与他人相交，自己都能过得更好。但在隐居的这些缺点中，有一项往往不易被人察觉。那就是，当人们整天待在室内时，会变得对环境的变化异常敏感，一阵小小的穿堂风也能让他们生病。我们的脾性也是如此，漫长的隐居使它变得敏感，即使是最琐碎的事件、话语甚至表情，都足以困扰和冒犯我们——而处于生活动荡中的普通人是注意不到这些小事的。

当发现人类社会并不令人愉悦，并感觉自己有充分的理由拥抱孤独时，你可能会感觉自己的身体无法承受它带来的压抑感，一瞬也不行，年轻人尤其如此。那么，让我给你建议，在跟人交往时，要养成保持一定孤独感的习惯，即使身边有伙伴，也要学会保持一定程度的独立。不要立刻说出自己的想法，也不要过于推敲别人说的话。不要对他们有太多的期待，无论是道德上还是智力上，并加强对他人观点漠不关心的态度，这是练习备受赞誉的忍耐力最可靠的办法。如果能这样做，尽管你往来于人群中，却并不与他们有太多瓜葛，你对他们而言将是一个纯粹客观的角色。这种预防措施可以让你避免与社会产生过于密切的关系，从而让你免受其侵扰甚至激怒。如此说来，社会就像一把火，智者在取暖之余，知道要保持安全的距离；并不像无知者那样靠得太近，以致被灼伤，独自颤抖着逃走，大声抱怨火会伤人。

10

嫉妒是人的天性，当然，也是一种罪恶和不幸之源。我们应该视其为幸福的敌人，并把它当作邪恶的思想来扼制。这是塞涅卡的建议，正如他所说："如果我们能不和其他更幸福的对象比较，自讨苦吃，那我们将会对自己所拥有的感到满足。"另外，"如果有很多人好像比你过得好，那就想想有多少人比你处境更糟。"事实是，如果真正的灾难降临，最有效的安慰莫过于想想更不幸的人，虽然这与嫉妒同源。其次，就是有人和我们一起倒霉，我们与共患难的伙伴抱团取暖。

关于我们可能对他人产生的嫉妒，就说到这里。至于我们可能会引起的嫉妒，一定要记住没有哪种仇恨比来自嫉妒的仇恨更难平息。因此，我们应该始终小心避免做任何事去唤醒它，正如对待其他形式的罪恶一样，考虑到严重的后果，我们最好还是放弃它可能带来的任何快乐。

贵族分为三种：(1)出身好，地位高；(2)富裕；(3)具有智慧。最后一种是三者中最杰出的，而且，只要他们有充足的时间，这种首席地位是会被认可的。英明的腓特烈大帝就承认道："卓越的头脑与君王同级"，当安排伏尔泰与国王和王子们同席，而大臣、将军和内侍们同席时，他这么对震惊的内侍说。

这些贵族中的每一个都被许多嫉妒的人包围。如果你属于其中之一，他们将暗地里对你不利；除非受到恐惧的束缚，他们急切地让你知道你自己并不比他们好。而正是这种急切，反而说明他们多么清晰地意识到了，相反的才是事实。

如果你为人所嫉妒，则应采取的方针是与嫉妒者保持距离，越远越好，避免与他们接触，这样就能在你和他们之间保持一条鸿沟。如果无法做到，就要以最大的镇定来面对他们的攻击。在后一种情况下，引发攻击的导火索也将平息它，这似乎是最常用的一种办法。

属于这三类贵族之一的人通常能与其他两类融洽相处，而且，彼此之间没有嫉妒的诱因，因为他们各自的特权间维持着一种平衡。

11

在执行任何计划之前，都要进行反复的思考。即使你已经彻彻底底地想过了，还是要为人类判断力的不足留出一点空间，因为无法事先调查或者预见的情况总会发生，这些会打乱你的所有盘算。这种顾虑会对平衡的被动面产生影响，也是一种警告，当重要事情发生时要避免不必要的举动，“不要无事生非”。不过，一旦你下定了决心开始工作，就必须让它贯彻到底，并接受结果——不要回顾已经做了的事，平添烦恼，也不要为可能发生的危险反复操心：把你的思想从这件事上解放出来，拒绝再去想它，坚信你在最适当的时刻已经给予了它非常成熟的关注。这与一句意大利谚语所给的建议相同，歌德做了如下翻译：“绑好马鞍，大胆骑行。”

即使这样，你还是失败了，那是因为人类事务本就是机会和错误的运动。即便是苏格拉底，最智慧的人，也需要“守护神”的警告来帮助他正确处理个人事务，或者至少避免犯错；这就说明了人类的智力对完成这样的目标并不足够。有这样一种说法，据说是来自一位教皇，即当我们发生不幸的时候，责任多少都在我们自己身上。即使不是绝对如此，这句话在大多数情况下也是正确的。人们都尽可能地掩藏自己的不幸，摆出一副好看的样子，生怕不幸会显示出自己的责任，该表现可能也与这条真理紧密相关。

12

如果不幸已经发生，无法改变，你就不要再去想事情本可能有其他的发展，更不要去想或许本可以通过这样那样的方式来避免不幸的发生。因为这只会加重困扰，使之变得难以忍受，你就是自讨苦吃。最好效法大卫王：他的儿子重病在床的时候，他就不断祈求耶和华能让儿子康复；但儿子最后还是去世了，他就松了松手指，再也不去想这件事。如果你尚不能做到这样轻松，那就可以寻求宿命论的庇护，伟大的真理会告诉你发生的一切都是必然的，不可避免的。

不管这个建议有多好，它毕竟是片面的。暂时缓解和平息我们的情绪，它是可以做到的；但如果这种不幸——通常都是如此——是由我们的粗心或愚蠢导致的，或者至少部分要归因于我们自己的过失，那也无妨去思考一下应该怎样来规避它，虽然这并不是一个柔和的主题，但对于我们保持自律颇为有益，能让我们未来变得更好、更聪明。如果我们犯了明显的错误，那也就不应该像通常那样去尝试掩盖它，或者为此寻找借口或说辞，而是应该自己承认犯了错，并睁大眼睛看清它的严重后果，如此，我们才能下定决心，避免它们在未来重演。当然，这样做就意味许多痛苦会以对自己不满的形式加于我们自身，但请记住："放下棍子就会宠坏孩子。"

13

面对影响我们福祸的一切，我们应该小心不要让想象力失去控制，不要让它造起空中楼阁。首先，建造它们代价极高，因为我们必须立刻将它们推倒，这会带来悲伤。我们应该警惕，避免去想象可能发生的不幸，不要让它扰乱本心。如果这些不幸完全是想象出来的，或者非常遥远、发生的可能性极小，我们就应该马上意识到这一切都只是幻觉，好像从梦中清醒过来。现实比梦境更好，我们应该为此而高兴，至多是警告自己，这样的不幸虽然遥远，但还是可能发生的。然而这些，都不是想象力引以为乐的玩意儿，我们只在闲着的时候才会去想象空中楼阁，这些想象总是令人愉悦。那些会造成噩梦的东西，才是真正对我们有威胁的，虽然它们可能还很遥远；想象力让它们比实际上看起来更大、更近、更可怕。这样的梦不像美梦那样能被轻易摆脱，因为美梦很快就会被现实打破，最多只留下一个渺茫的希望。一旦我们在忧郁中放弃了自己，各种幻象就会冒出来，而且不会轻易消失；因为它们有可能成真。但我们并不总是能估摸出它的确切可能性，小小的可能很容易会发展为极大的可能，这样我们就是自讨苦吃。因此，我们应该谨慎行事，不要过分汲汲于任何会影响我们福祸的事，不要将焦虑上升到不合理或者有害的程度，而是要冷静而温和地去斟酌这件事，就好像是在思考一个抽象问题，和我们并没有直接关系。此时，我们不应该发挥想象力，因为它并不具有判断力，只会引起幻想，带来无益、痛苦无比的情绪。

夜晚时，特别要小心遵守我在这里强调的规则：黑暗使我们胆怯，仿佛到处都是可怕的"鬼影"，模糊的思想也会产生类似的影响，不确定性总是会带来危险。因此，到了夜晚，当我们的思考和判断力都松懈——主观黑暗的时刻，我们的理智感到疲倦，容易受到迷惑，不能深究事物本质。如果此时我们去默念有关个人利益的事，很快就会觉得情况危急可怕。夜晚，我们躺在床上的时候，大多是这样，因为那时候思想完全放松，我们的判断力已经不能履行其职，但想象力却依然清醒。夜色让一切都看起来黑黢黢的，这就是为什么在临睡前或者躺在床上整夜无眠时，我们的思绪总是会歪曲和误解事实，就像在梦境中一样。这时如果我们集中去想关于自己的问题，那么结果通常就是极黑暗而可怕的。到了早晨，所有梦魇消散，正如西班牙谚语所说：夜晚有色，而白昼纯洁。即使是在傍晚时分，一旦蜡烛点起，头脑就和眼睛一样，看东西不似白天那么清楚了。这个时间就不适合进行严肃思考了，尤其是思考一些令人不悦的事。早晨是比较合适的时间，对于精神上或是肉体上的努力都是如此。早晨在一天中就好比人的青年时期，一切都是光明、清新、容易实现的。我们觉得自己很强壮，可以完全支配自己的身体。不要因为赖床而缩短了早晨，或者把它浪费在没有价值的事务和闲聊中，要视其为生命的精髓，这在某种程度上是神圣的。而夜晚就像人的晚年：我们变得懒散、啰唆、愚蠢。每天都是一场微缩的生命旅程，每次醒来都是一次小小的新生，每个清新的早晨都是一段青春，每次睡眠又都是暂时的死亡。

但身体状况、睡眠、营养、温度、天气、环境，以及其他许多纯粹的外部条件，都在整体上对我们的心情和思想有重大影响。因此，对事物的看法、从事工作的能力，在很大程度上取决于时间和地点。所以歌德说：“要好好利用美丽的心情，因为那太难得了！”

对于周遭环境，我们并不总能形成新的想法或者提出独创性的思考：它们当来则来。同样的，当我们决定提前思考某件个人事务，或者着手这样去做的时候，也没法总是确保能考虑周全。因为某些有益的奇思妙想，可能没有任何来由地就突然出现了，那样的时机到来的时候，我们兴趣满满地跟随就好了。反思也是一样，它会自己选择出现的时机。

我在这里建议对想象力进行控制，包括不要回想过去的不幸，或者描绘我们曾被施加不公与伤害的黑暗图景，曾经历过的失去、谩骂、蔑视与烦扰。因为这么做会重新唤醒那些沉睡已久的可怕情绪——这些愤怒和怨恨会侵扰和污染我们的本性。新柏拉图主义者普罗克鲁斯曾用一个精彩的寓言指出：在每个城镇中，都有乌合之众与富人和上流人士比邻而居的，所以同样，对于每个人，无论他多么高贵端庄，在天性深处，还是有动物性的低俗和平庸欲望。不能让这些乌合之众发起暴乱，甚至不能让他们从暗处窥探，它们是最丑陋的，而这些“造反派”的领袖就是我之前所描绘的那些想象。即使是最微不足道的烦扰，无论是来自身边的人或者周遭的事物，都可能膨胀成可怕的怪物，让我们无能为力——而这一切都是因为我们总是沉浸于烦恼，用最显眼的颜色和规模将它们粉饰。更好的做法是冷静、心平气和地对待这些不愉快的事，这也是最容易忍受它的方式。

如果你把一件小东西拿得离眼睛非常近，就是在自己限制视野，遮住了整个世界。同理，对于离我们非常近的人或事，即使它们的影响微乎其微，也很容易引起别人的关注，远远超出其应有的程度，霸占着我们的心智，不给严肃思考和真正重要的事情留空间。我们应当反抗这种倾向。

14

人在看到不属于自己的东西的时候容易这么想 ："啊，如果它们都是我的该多好！"总是觉得自己缺这缺那。与其如此，我们应该常常从相反的角度去思考 ："啊，如果这些东西都不属于我该多糟糕！"我是说我们有时候应该把自己已经拥有的东西看作有可能失去的。不管是财富、健康、朋友、妻儿，还是我们所爱的其他人、我们的马或者狗——通常只有当我们失去了它们，才开始发觉其价值。但如果能从我建议的角度来看待它们，则会成倍受益。不但将从中获得比之前更多的乐趣，还会竭尽全力避免失去它们。比如，我们就不会拿自己的财富冒险，不会激怒我们的朋友，不会让妻子遭受外界的诱惑，或者忽视自己孩子的健康情况，等等。

我们常会试图通过推测未来成功的概率，来消解当下的阴郁和沮丧，这个过程中我们臆造了许多空洞的希望。它们每一个都带着幻想的病菌，当这些希望被生活的艰难现实击碎的时候，失望就是不可避免的了。

如果我们以不幸作为预测的主题，就可能没那么受伤 ；因为这样做，我们就立刻会采取措施来防范它，而如果它最终没能出现，我们就会为此感到惊喜。在克服了一阵焦虑之后，我们不总是能感到精神有明显提升吗？进一步说，偶尔关注一下可能发生的不幸是有好处的，就当它们已经真的发生，这样面对现实中遇到的那些小小挫折时，我们就更容易承受住。想象那些未曾发生的重大不幸，也是一种安慰。但在遵循这条规则时，也不要忘记我在上一节中说过的话。

15

占据我们注意力的事情，无论是工作事务还是日常事件，都种类繁多，如果完全分开处理或者不按照固定的顺序或关系，就会变成一团乱麻，内部各有差异，除了都会对我们产生影响这一点外，完全没有共同点。如果我们的思想要与这么多主题都保持一致，便一定会引起相应的思想和焦虑冲突。因此，在着手解决任何事件的时候，第一步都是要将我们的注意力从其他所有的事情上收回来：这样我们就能够每次集中注意力照料一件事，享受或者忍受它，而无须考虑其他的利益关系。我们必须对思想加以整理，就像收拾进小抽屉一样，打开其中任何一个都不会影响到其他。

这样，我们就可以避免承受沉重的焦虑，不要因负担过重而丧失了当下的一点乐趣，或者影响了休息；否则，每当我们思考一件事的时候，都会影响到其他的问题，当我们关注某件要事的时候，就可能会忽略当下似乎不那么要紧的事。对于每个有崇高思想的人来说，最重要的是不要让自己的思想完全被私人事务和俗世烦恼所占据，导致真正有价值的事被排挤。因为那才是现实意义上的“迷失了生活的真正目标”。

当然要做到如此，和其他很多事一样，都需要自我控制，没有它，我们将无法按照上面描述的那样来管理自己。这也许没有那么难，如果我们想一想，其实每个人都处于周围环境的严格控制之下，否则就不可能有任何形式的存在。而且，适当做一些自我控制，还能够让我们免受日后来自他人的压迫；就像在一个套圈图形中，靠近圆心的一小部分，可能和周边一大块的面积相同。没什么能像自我控制一样保护我们免受外部的压力。就像塞涅卡说的那样：“首先让自己屈从于理智，继而一切屈从于你。”对自己的控制也是来自我们自身的力量。如果最坏的情况发生，并触及了我们最敏感的部分，我们也可以随时放松这种控制。但如果别人要对我们施压，是不会顾及我们的感受的，他们将不会对我们有丝毫的同情或怜悯。因此，将自我控制作为对外界压力的预防可谓非常明智。

16

我们必须限制自己的愿望，遏制自己的欲望，压制自己的愤怒，时刻牢记，任何值得拥有的事物，每个人都只有很小的份额；

而另一方面，每个人却又必须遭受生命中的许多不幸，一言以蔽之，我们必须学会忍受与克制。如果不能遵守这一规则，任何财富或权力都不能阻止我们感到悲伤。霍拉斯就是如此表达的，他建议我们要仔细研究并认真探讨，什么最能促成一种宁静的生活。不要总是被毫无意义的对物质的欲念、恐惧或希望所搅扰，毕竟它们都价值不大。

17

亚里士多德说得没错，生命在于运动。在物理上，我们之所以存在，就是因为我们的机体在不停地运动。如果我们要理智地生存，就只能通过不断地工作——任何形式的实践或者思想活动都可以。于是你可能会发现，那些无所事事、不思考的人，很快就开始不耐烦地用指关节敲桌子，或者用任何趁手的东西搞出一点声响。事实上，我们在本质上就是躁动不安的，我们很快就会厌倦、无所事事，这种无聊是不可忍受的。我们应该对这种总想活动活动的冲动加以调节，并引入一些方法，这样也有利于提升我们的满意度。运动！有所作为，尽可能创造，至少也要学到点东西，人离开了这些就无法存在，多么幸运啊！人们都想使用自己的力量，看看是否能产生一些影响。如果能够创造或建造出一些东西，可能是一本书，也可能是一个篮子，他将是最满足的。看到一个作品在自己的手中一天天逐渐成形，直到最后完成，有一种最直接的快乐。这就是创作艺术品、书稿，或者手工劳动所能带来的乐趣。当然，作品越是高级，就能带来越多的乐趣。

从这个角度来看，有些人知道自己有力量去创作一些目标远大的宏伟作品，他们最是幸福，这给他们的生活增添了一种高级的趣味、一种罕见的风味，而普通人的生活中没有这些，与之相比就平淡无奇。对于先天优越的人来说，生活和世界都带有一种特殊的趣味，这种趣味独立于普世的日常个人兴趣之外；更为高级——是一种严肃的兴趣。他们从生活和世界中获得了创作所需的素材，一旦摆脱了个人物质需求的压力，便会全心全意地投入素材的搜集中去。他们的才智也是一样。在某种程度上，它具有双重性，一部分用于应对日常事务，面对和其他人一样的常见问题；另一部分用于他们特殊的创作，对生存纯粹和客观的思考。在世界这个大舞台上，大多数人都是扮演完自己的小角色就下台，而那些天才却过着双重生活，他们既是演员，又是观众。

如果让每个人都按照自己的能力去做事，没有常规的工作、没有固定的活动范围——那该是多么糟糕啊！那些为了追求快乐而进行的长时间旅行，反而总是会把人弄得很不开心，这就是因为缺少所谓必须做的事，让他脱离了常规。努力！艰苦奋斗！这对人来说就和鼹鼠在地上挖洞一样自然。如果所有的欲望都被满足，那将是不能忍受的——因为快乐太过长久，反而产生了停滞感。所谓克服困难就是无论遇到什么障碍，都要体验生存的全部乐趣。无论是在生活中、商业中、还是工作中，精神上的努力也是如此——那是探索精神为了掌握主体而进行的尝试。在斗争和胜利中，总有令人快乐的事儿。如果一个人没有机会来让自己兴奋起来，他就会尽所能去创造一个机会，并依据自己的喜好，或是狩猎，或是玩“杯子和球”的游戏，或者受不可预测的天性因素引导，与某人争吵起来，或者暗地谋划，或者行欺诈无赖之事——这一切都是想结束那种无法忍受的停滞状态。正如我已经指出的：人若无事，难以安宁。

18

人应该避免为想象力的幽灵所指引。这和深思后受到清晰思想的指引完全不同，但大多数人都不遵循这样的人生规则。当我们经过深思熟虑，最终决定朝某个特定的方向发展，如果你仔细研究当时的情况，通常会发现，这些决定并非受到清晰思路的指引而做出的正当判断，而是受到了代表其中某一选项的幻象的影响。

在伏尔泰或狄德罗的一部小说中——我记不太清了，主人公像年轻的大力神一样站在岔路口，他见到的“美德”的化身，是一位左手拿着鼻烟壶的老学者，这位老学者从鼻烟壶里撮出一点烟草，然后说教；而“罪恶”则以他母亲侍女的形象出现。尤其在年轻的时候，我们努力的目标就是这样一幅幻想的幸福图景，这幅图景会在我们眼前不停地徘徊，可能是半辈子，有时甚至一生——就像一个嘲讽的精灵，每当我们觉得梦想将要实现，这幅图景就消失了，告诉我们实际上没有任何承诺兑现了。我们想象中的家庭生活，一个家应该是什么样的那些细节，或者我们在城市中、社会中应该过什么样的生活，如果住在乡下——我们应该拥有怎样的房子，周围环境如何，它应该给我们带来什么样的荣誉和尊重，等等。我们对自己爱人的梦想也常常如此，这一切都很自然。我们编出的这些幻想如此直接地影响着我们，就像它们是真实存在的，因此，比抽象的思想更能直接地对我们的意愿产生影响，后者只能给出模糊、笼统的轮廓，缺乏细节，而细节恰恰是其中让人感到真实的部分。我们只能被抽象思想间接影响，但只有抽象的思想才能兑现承诺，所以，教育的作用就是要教会我们信任抽象的思想，当然，有时候必须借助图像来解释，但应该谨慎、再三斟酌。

19

前面的规则可以作为一条普世箴言的特殊情况，那就是：人永远不要让自己为当下的印象或者外在的表现所掌控。它们的影响比单纯的思想和观念强大太多了，不是因为这些暂时的印象能够提供丰富的数据，而是因为它们明显可感，并能直接发生作用。它们强行侵入我们的思想，扰乱我们的安宁，破坏我们的决心。

容易理解的是，我们眼前的事物会立刻发生全部的作用，但需要给思考和理解论点提供必要的时间，因为我们不能在同一时间思考所有的事情。这就是为什么尽管我们决意拒绝快乐，还是如此为它着迷。尽管我们知道一些人完全没有能力做出合理判断，还是会为他们的批评感到恼火，或者尽管知道其出处可鄙，还是会被一些辱骂激怒。同样的，十个认为自己安全的理由，也敌不过一个感到危险近在咫尺的误会。这一切都说明了人性的不理智。

如果不能仅凭思想来抵御某些外部影响，最好的办法就是用某种相反的影响来抵消它，比如，侮辱带来的影响可以通过和欣赏我们的人结伴来抵消；当我们感受到即将来临的危险，由此感到不舒服，可以通过将注意力集中在防范危险的手段上来缓解。

莱布尼茨曾讲过，一位意大利人之所以能够承受严刑拷打，完全是靠一刻不停地去想如果自己说出了秘密，前方等待他的就只有绞刑架。于是他大喊：我看到它了！看到它了！——事后他解释说这是他计划的一部分。正是出于这一点，当别人都不同意我们的意见并采取相应的行动，也坚持不动摇，即使我们确信他们都是错误的，我们会发现独自坚持一个观点也是很难的。以一个在逃的国王为例，他试图躲避被俘，忠实奴仆悄悄表现出的礼节和顺从态度能给他带来很大的安慰。这对他避免对自身的存在产生怀疑是十分必要的。

20

在本书的第一部分中，我坚持认为健康是幸福的最重要因素，价值巨大。为了强调和确认这些，我要在此给出几条关于保持健康的一般规则。

强健身体的办法，是在身体健康的时候，让它进行大量的劳动和付出——以对它进行整体或多个部位的锻炼，使其习惯并能抵挡各种有害影响。但在生病或健康失调的情况下，不管是对于整体还是部分，都应该采取相反的做法，采取一切手段护理身体或是受影响的部位，不让其用力，因为生病和衰弱的身体是无法锻炼的。

通过大力运动可以增强肌肉，但神经不同，大量使用神经只会削弱它。因此，在用各种合适的方法锻炼肌肉的时候，要注意尽可能地放松神经。比如眼睛，就应该免受强光的照射——尤其是反射光，不应让眼睛在黑暗中受累，不该长时间盯着微小的物体。也应该保护耳朵，不要听太响的声音。最重要的是，切勿强行、过度，或在不当的时间使用大脑；至少在进食消化的时候要让它休息，因为那个时候脑中形成思想的重要能量，需要在别处做大量的工作——也就是在消化器官中，制造食糜和乳糜。出于类似的原因，在进行剧烈的肌肉运动期间或者之后，切勿使用大脑。因为运动神经在这方面和感觉神经一样，肢体受伤时所感受到的疼痛会传达到大脑，同样的，真正运动的并不是我们的腿或手，而是大脑，或者说得更严格一点，我们的身体是通过脊柱中枢刺激四肢神经的那一部分大脑运动起来的。因此，当我们的手臂和腿部感到疲倦的时候，真正产生这种感觉的其实是大脑。这就是为什么只有那些我们有意识去驱动和自愿运动的肌肉，换句话说，那些受大脑驱动的肌体，才会产生疲劳感；像心脏那样非自愿运动的肌体就不符合这种情况。因此，很明显，如果同时或间隔很短地进行激烈的肌肉运动和智力消耗，就会对大脑产生损伤。

在我们刚开始散步的时候，或者在短暂的步行中，常会感到神清气爽、精力充沛，这与我们刚才所说的并不矛盾。因为大脑中发挥作用的那一部分还没有来得及感到疲惫；此外，轻微的肌肉活动有助于呼吸器官的运动，将更纯净、含氧量更高的动脉血液输送到大脑。

最重要的是要让大脑获得充分的睡眠，这是它恢复功能所必需的。睡眠之于人类，好比发条之于时钟。但所需的睡眠时间长度取决于大脑的发育和活动状况，过度睡眠也只是浪费时间，只是延长了睡眠的长度，却折损了深度。

我们应该清楚地理解，思想不过是大脑的机体功能。在运动和休养方面，它必须遵守与其他机体相同的规则。疲劳过度只会损伤大脑，就像眼睛一样。就像胃的功能是消化食物，大脑的功能是思考。有一种观点是灵魂作为基本、非实体的东西，仅停留在大脑层面，不需要任何支持就能发挥基本功能，也就是能进行持续的思考而不知疲倦——这无疑让许多人采取了错误的做法，让智力变得低下。腓特烈大帝甚至试图养成完全不睡觉的习惯。哲学家们最好不要为这些观点推波助澜，它们在实际结果上都是有害无益的；但他们恰恰就是这么做的，婆婆妈妈地要和传统教理保持良好关系。人应将自己的智力看作一种生理功能，相应地加以管理，并视情况进行护理和锻炼。要记住发生在身体任何部位的各种生理痛苦、不适或疾病都会对思想产生影响。对此，我所知道的最佳建议来自卡巴尼斯的《论生理与精神的关系》。

由于忽略了这一规则，许多才华横溢的天才和学者在年老时会变得心智脆弱、幼稚甚至疯狂。比如，19 世纪初英国的几位著名诗人司各特、华兹华斯、骚塞，他们在六十多岁，生命的最后时日，都变得智力迟缓甚至无能。这种糊涂可以追溯到如下事实：在那段时期，他们全凭高报酬驱使，把文学当作交易，为钱财而进行创作。这导致他们滥用了智力。如果一个人奴役灵感，鞭策缪斯，那也必将为此付出代价，就像滥用其他任何权力的人一样。

甚至康德也是一样，我怀疑他在最后四年的那种天真的生活状态，就是晚年在成名后过度工作所致。

一年中的每个月都会对健康和身体状况产生独特而直接的影响，甚至心态也是如此，这些都取决于天气。

第三章 与他人的关系

21

一个人一生中如果随时准备做好两件事，将对他大有裨益，那就是高瞻远瞩和置若罔闻，前者能减少他可能受到的损失和伤害，后者能让其免遭非议和争吵。

就算是一个非常邪恶、荒谬甚至是卑劣的人，只要在人群之中生活，就绝不能彻底摒弃任何一个在自然秩序中有一席之地的人。相反，他必须将对方接受为无法更改的既定事实，因为这是一种长久的基本原则的必然结果。在走投无路时，他应该想想费曼斯特的那句话："世界上总会有'傻瓜和恶棍'。"如若不然，他就会有违公正，不啻要与这些人做生死对决。因为任何人都不能改变他人独特的个性、品德、才智、性情或体格。如果我们把一个人谴责到一无是处的地步，那么他唯有以死相拼，因为他被逼到了不得不变成另一个人的绝境——而这是不可能的，这有违天性。

因此，如果想要生活得合群，就必须允许他人按照其特有的性格生存，不论其性格如何。你所应当做的便是顺其自然，并且恰当地利用独特的性格，而非试图改变其性格甚至对其进行谴责。

这便是“待人如待己”这句格言真正的意义。可惜的是，这件事情的难度和其正确性成正比。一个人如果一生都不必与其他人打交道，他才是幸福的。

容忍他人的艺术，也许能用对着无生命体练习耐心来培养。出于某种机械或普遍的物理必然性，这一忍耐力能有效地约束我们散漫的行为。将如此培养出的耐力运用于待人接物，让自己在无论何时被他人否定，都能习惯正视他人的反对意见，因为这是对方本性的必然结果。他人做出的反对与无生命体做出的抵抗一样，都是出于机械的必然性法则。因他人的所作所为而愤愤不平，就好像对着一块挡路的石头生气，十分愚蠢。因此，最明智的做法，就是善用那些你无法改变的人。

22

令人惊讶的是，当两个人在谈话时，就算只谈及很琐碎的话题，二者之间的相似点或是心智秉性方面的不同点会立刻呈现出来。当两个性格迥异的人交流之时，一个人谈及的所有内容都会或多或少让另一位不快，在很多情况下，还会引起烦恼，即使谈论的主题本身无关痛痒，或者双方其实都没什么兴趣。然而，脾气相近的人谈话时却会立刻形成默契，如果两人完全意气相投，交流就会十分和谐甚至一拍即合。

这一点能够解释以下两种情形：第一，为什么普通人如此善于社交，并且随处都能找到伙伴。啊！这些善良、可爱而又勇敢的人。这正是他们与那些不平凡的人的差别，因为越是不凡的人越不善于交际。因此，如果这样的人在孤独的一生中有幸遇到即便只能引起一点点共鸣的人，他们都会显示出无比的喜悦之情。因为惺惺惜惺惺，好汉识好汉。伟人们总是像雄鹰一样，孤独地隐居于崇高之处。

第二，我们就能够理解为什么秉性相近的人能够如此迅速地一拍即合，仿佛他们彼此都为对方的魅力所吸引——相似的灵魂即使相隔遥远也能彼此呼应。当然，在普通人身上其实更能观察到这种情况下。相反，在这方面比较优越且性格“稀有”的人就较难遇到，之所以说“稀有”就是因为你很难找到这样的人。

比如，为了解决某个实际问题而组成一个团体，如果这个团体中有两个无赖，他们很快就能认出对方，就好像两个戴着相似徽章的人，会立刻合谋奸诈狡猾或背信弃义之事。同样，你可以想象——虽然这不可能——如果一个由才智出众的人组成的团体中有两个无知者，那么他们一定也会惺惺相惜，相互吸引，并暗自窃喜在这个团体里终于至少还有一个和自己一样的“聪明人”。这实在令人啧啧称奇，尤其是那些缺乏道德和判断力的人，他们竟能第一眼就认出彼此。他们是凭借怎样的热情成为知己的？他们如此殷勤又快活地相互打招呼，就像旧相识一样。这一切如此令人震惊。

尽管有诸多这样的共识，相聚的人还是会分开，有些时候两者之间会产生偶然的不和谐往往是由于心境不同。世界上很难见到心境相同的两个人，因为心境会随着生活条件、职业、环境、健康状态和当下的思绪等事物的不同而产生变化。这些差别甚至会让相处极其和谐的两个人产生分歧。为了做到适当的平衡，消除不和谐的因素，需要让二者保持在“温度一致”的状态，而这一点极度依赖于文化水平。一致的心境所产生的友好程度可以通过它对一个大群体所产生的影响来衡量。比如，当一大群人聚集在一起后展现出某种客观的兴趣，且这种兴趣能够对他们产生相似的影响——不论是共同的危机、期望、重大新闻、奇观、戏剧、音乐等——都会激发人们表达思想，表现出真挚的兴趣。这会在人群中产生一种共同的快感，因为人们受到吸引后所产生的统一情绪强于任何个人的兴趣。

当上述的客观兴趣不存在时，通常就得借助一些主观的东西。比如，通过一瓶红酒来开启彼此之间的友谊，这已经很常见；甚至茶和咖啡也有同样的效果。

在人们的生活中，当下心境不同的人会很容易受到影响而产生不和谐，这在一定程度上解释了为什么记忆总是理想化的，有时甚至是失真的。由于我们无法回忆起那些随时干扰我们而又转瞬即逝的影响力，因此，我们对过去的态度发生了转变。于是，记忆就好像变成了一个模糊的相机镜头，将过去的一切收入其中，之后造出了较实际更美好的画面。对于一个人来说，“缺席”总是能获得一些这方面的好处，虽然记忆的理想化需要一段时间，但记忆一旦形成，就开始了模糊化的工作。因此，也许你可以试试间隔很长一段时间再去拜访你的亲朋好友，再见到他们的时候，你就会发现，记忆系统已经开始工作了。

23

没有人能看到超越自己高度的事物，让我来解释一下这句话。

你在他人身上所看到的，不能超出自己所拥有的；同时你的智力水平严格决定了你对另一个人的判断。如果你的智力水平很低，即使见到一个出类拔萃的人也会浑然不知，而只能看到他身上最可鄙的一面——或者说他性格中最脆弱、缺失的部分。于是，你对他的评判仅限于他的缺点，而看不到他最优秀的品质，就像盲人看不见色彩。

愚者不识他人之智。在任何对他人作品的评判中，评论家所拥有的知识面与作品本身的主张一样都是必不可少的部分。

因此，与他人的交往中往往包含着一个自降身段的过程。当两个人相遇时，如果只有一方具备某种品质，这样的品质就无法发挥作用。必须有一方要做出牺牲，却也不会博得另一方的认同。

一想到大多数人是如此卑鄙、如此愚蠢，或者说如此粗鄙，你就知道自己必须暂时成为一个粗鄙的人才能与他们对话。在这方面粗鄙就像是电流，极易传导。于是你会明白“自轻自贱”的真正含义，你会因为躲开与那些人打交道而感到庆幸，因为他们和你的相似之处恰恰是你天性中最不齿的部分。因此，你会发现在与无知者打交道时，只能通过一种方法来展现你的智慧：那就是不打交道。当然，这意味着当你进入社交圈时，可能会感觉像位收到舞会邀请的优秀舞蹈家，到场时却发现与会者都是“瘸子”，那么，该和谁跳舞呢？

24

我会敬重这样一个人：当他在等待什么或者无所事事地坐着时，不会随手拿个东西敲敲打打来消磨时间，比如一个木棍、小刀或餐叉等，这样的人可谓“百里挑一”。他很可能是在思考着某个问题。

而对于大多数人，很明显，视力完全凌驾于他们的思考力之上。他们似乎必须发出点声音，才能意识到自己存在；除非碰巧手里有根烟，这也能达到同样的目的。出于同样的原因，他们时刻全神贯注地关注着周遭的一切。

25

拉罗什富科有过一句著名的论断：“一个人很难既让人尊敬又让人爱。”如果真的如此，我们将不得不在他人的敬和爱之间做出选择。

虽然爱有很多种表现方式，但一个人的爱总是自私的，而且获得爱的手段并不一定总能让我们感到骄傲。一个人之所以能被他人爱，主要是因为他适度地调整自己的主张以迎合他人的好感和智力水平。但是他必须真心实意地对待他人，不能假仁假义——否则，从本质上来说就是一种赤裸裸的蔑视。这不由得让人想起爱尔维修的一句话：取悦我们所需要的智慧，正是衡量我们自身智慧的最准确的标准。如果把这一论断作为前提，很容易就能得出上述结论。

但说到尊敬，情况恰恰相反。让他人产生敬意是与其意愿相悖的。因此，与爱相比，尊敬能让人产生更为真实的满足感，因为它与个人的价值相关，而爱则并不如此，爱在本质上来说是主观的，而尊敬则是客观的。但说实话，被人爱要比受人尊敬更为有用。

26

大多数人是非常主观的，以致能让他们真正感兴趣的只有他们自己。他们一开口说话，就首先想到自己的情况，全部注意力都集中在对自己有影响的事情上，即使是鸡毛蒜皮的小事。结果便是：只要谈到相关话题，他们就无法形成客观的观点；他们也不能接受任何有损他们利益或虚荣心的主张。因此，他们的注意力很容易分散。他们是如此容易被冒犯、侮辱和惹恼，以致在与他们讨论任何客观问题的时候，再小心也不为过，以免你的话语波及你面前这位尊贵又敏感的人，因为你所说的任何话都可能伤害他们的感情。事实上，人们根本不在意那些与自己无关的事情。他们对真实、动人的细节漠不关心；对美好、微妙、有趣的事情视而不见。然而，任何有碍于他们那小小的虚荣心，或对他们极其宝贵的自尊表现出任何的偏见，即使再微不足道，他们也会对此极为敏感。在这方面，他们就好像一条被你无意中踩到的小狗，立刻狂吠不止；或像一个长满疮和疖子的病人，对待他们必须格外小心，避免不必要的接触。有些人的敏感程度已经到达了一定的境界：他们与人谈话时，如果对方显露出一定的才智和洞察力，或者仅仅没有完全掩饰这种才智和洞察力，他们都会将其视为彻头彻尾的侮辱。虽然这些人在当时会隐藏自己的恶意，毫无戒心的对方之后会绞尽脑汁地回想自己到底做了什么而引起了他们的恶意和仇恨，却只是徒劳。

但是，想要恭维或拉拢他们却也很容易。这就是为什么他们的判断总是漏洞百出，观点总是摇摆不定，因为他们的判断并不是依据事情的正确与否，而是依据他们所属团体和阶级的偏好而作出的。这一问题的根源在于，对于这样的人来说，他们的意愿往往凌驾于知识之上，而他们贫瘠的知识又完全屈从于意愿，永远处于从属地位。

占星术为人类这种可悲的主观倾向提供了一个极好的证明，这种倾向使他们认为一切事物都与自己有关，凡是不与自己直接相关的事物，就都不去思索。占星术的目的是把天体的运动与可怜的“自我”联系起来，以使人间的纷争和恶行与天空上的一颗彗星产生某种联系。

27

如果在书上或者公开场合有错误言论受到一致认可、没有受到反驳，你也并没有理由感到绝望，认为此事会就此定案。你应该这样说服自己：这个问题以后会慢慢得到大家的重视，最终水落石出，人们会反复思考、讨论，最后一定会得出正确的观点。这样一来，经过一段时间——时间的长短取决于问题主体的难度——那些头脑清晰的人一眼就看出的答案，大家也总会明白。

同时，你也要有足够的耐心。一个“众人皆醉我独醒”的人就好像整个城市里唯一一个戴着准时的手表的人一样。只有他一个人知道准确的时间，但这对他来说又有什么用呢？因为大家都按照错误的时间行事，甚至那个知道自己是唯一正确的人也不例外。

28

人就像孩子一样，如果你溺爱他们，他们就会变得顽皮。

因此，对任何人都不要过于放纵和仁慈。你可以将其视为一条普遍性规则，拒绝朋友的借款并不会让你失去这个朋友，相反，如果真的借了反而会失去他；同样的道理，待人时有些傲慢和粗心并不会轻易导致疏远，但以和善殷勤待人则通常会使他们变得傲慢无比，最终导致友谊的破裂。

有一件事情最容易让人失去平衡：那就是让对方觉得你依赖他。这会导致对方以傲慢无礼、专横跋扈的态度对待你。的确，有些人，一旦和他们产生任何关系，他们就会变得粗鲁。如果你经常推心置腹地和他们谈论一些私密的事情，他们很快就会认为可以随心所欲地对待你，试图做出一些不礼貌的行为。这就是为什么你不想与很多人变得亲密，也是为什么你应该避免与庸俗之辈结交。如果一个人认为自己依赖他人比他人依赖自己更多，就会觉得自己一定是偷了别人什么东西，而对方会想方设法报复来夺回所有权。因此，想要在与人打交道时占据上风，唯一的方法就是让别人看到你独立于他。

有鉴于此，应该让你熟识的每一个人（不论是男是女）知道你没有他们也能过得非常好，这种方法能加固你与他人之间的友谊。对大多数人来说，偶尔在对他们的态度中掺杂一点轻蔑并没有坏处，这样会使他们更加珍惜你们的友谊。正如一则意大利名言所说："轻视他人是为了赢得尊重。"如果我们真的非常尊重一个人，就应该把这一感情像罪行一样隐藏起来。虽然这样做会让人感到不快，但这是正确的做法。

29

通常来说，那些品格高尚、具有超群天赋的人会奇怪地表现出对人情世故的无知，尤其是在他们年轻的时候，这导致他们很容易受到欺骗和误导；而普通大众在为人处世方面更为擅长，容易成功。

这是因为经验不足的人必须凭借预设来做判断。但对于需要判断力的事情，设想与经验是完全不能相提并论的。对于普通人来说，这种预设仅仅是出于他们自私的观点，但对于品格和智慧都非同寻常的人来说却不是如此。因为正是他们的无私使他们有别于常人。而且，当他们以自己的高标准判断他人的思想和行为时，结果总是与他们的预测不符。

但是，如果一个品格高尚的人最终意识到（不管是自身经历的结果还是从别人的教训得出）对于一个普通人可以有怎样的期待，也就是说，世界上六分之五的人的道德和智力都是如此，若非客观现实的需要，还是尽可能远离这些人为好；即便如此，他们还是不能充分认识到普通人可悲的卑劣本性，在他的一生中，对那些人作出的预估会越来越低，同时他自己也会犯下很多错误而因此造成损失。

然后，当一个人真正吸取了教训之后，偶尔会发生这样的情况：身处陌生的环境中时，他会惊讶地发现，那些陌生人的言行举止看上去都非常合理。实际上，他们是如此诚实、善良且值得信赖，同时还机敏聪慧。

但他无须困惑，因为造物者并不像那些拙劣的诗人。一个诗人在塑造“傻瓜”或恶棍的形象时太过刻意和拙劣，在背后操控人物会被观众一眼看穿，他们用近乎警告的口气告诉观众：此人就是一个“傻瓜”，那人就是一个恶棍，不用管他们说了什么。但自然造人就像莎士比亚和歌德那样，即使是恶魔，在不同的场景出场时都显得恰到好处；他们把人物描写得如此客观，极大地激发了我们的兴趣，让我们不得不同情他们的观点。正如自然的创造，每个人物的演化都依照着某种隐秘的规律或原则，这使他们的一切言行举止都显得那么自然和必要。如果你真的以为这个世界上的恶魔都长着角，“傻瓜”头上都顶着铃铛，那你必将成为他们的牺牲品或玩物。

在与人交往时，要牢记一点：人就像明月或驼峰，露给你看的只是他们的某一面而已。每个人的本性中都有伪装的天赋，能够按照自己的面相制造面具，依照自己的意愿以假乱真，因为他给自己打造的人设与本人的天性是相符的，才能如此贴合，如此具有欺骗性。每当他想要通过迎合奉承来获得他人好感时，就会戴上面具。我们必须留意这样的面具，就把它们当成是由蜡和硬纸板做成的，不要忘记那句精彩的意大利谚语：“摇尾巴的狗才是最凶的。”

不管怎样，对你新结交的人，最好不要产生过高的好感，否则你很可能会大失所望，进而因此感到羞耻，甚至会受到伤害。当我谈到这个问题时，还有另一件事值得一提：一个人的性格往往会在他处理琐事时暴露无遗，因为这时的他毫无戒备。这常常能给我们提供一个绝佳的机会来观察人性中那永无穷尽的自私自利和对他人的漠不关心；如果一个人的缺点通过琐事或是日常行为表现出来，你会发现，他在处理一些重大问题时也会暴露出同样的缺点，尽管他不愿意承认这一点。我们不能错过这样的机会。如果一个人在日常琐事或者鸡毛蒜皮的小事上（法律不会计较的小事）都唯利是图、自私自利地损害他人的权益、把别人的东西占为己有，那么，你可以肯定，这个人心里毫无正义可言，他是一个不折不扣的无赖，只有法律和强制措施才能约束他。千万不要轻信这样的人！一个不怕触犯自己社交圈内规则的人，只要觉得自己能逃脱制裁，就会以身试法。

面对一个善大于恶的普通人，我们应该信赖他身上的正义感、公正心、感激之情、忠诚之情、爱和同情，而不应让他对我们产生恐惧；但反过来，面对恶大于善的人，我们则应该采取相反的态度。

如果一个与我们有关，或不得不与之打交道的人展现出令人厌恶的品质，我们只需问自己：此人是否真的有如此价值，能让我们不停地忍受他那变本加厉的恶劣性格？如果这个问题的答案是肯定的，那就不用想太多，因为多说也无益，只好在经意或不经意间让它发生，但同时也要铭记，我们将因此经受一次又一次的折磨；如果问题的答案是否定的，我们必须立刻与这位尊贵的朋友一刀两断，永不往来。如果对方是你的仆人，那么就直接解雇他。因为一旦机会再次出现，他将无休止地冒犯于你，或做出更出格的事情，即使当下他诚心诚意地保证不再做出越界的事。一个人什么都可以忘记，唯有自己的本性不会忘记。因为性格是不可改变的，一个人的所有行为都源于他的内在准则，因此，他一定会在相同的情况下做出相同的事情，绝无第二种可能。在这里顺便提一下我的那篇获奖论文，题为《论意志自由》，读者读完这篇文章后，一定能解开对上面这个问题的所有困惑。

与一个决裂的朋友重归于好是一种软弱的表现，当他再次犯下导致当初友谊破裂的错误时，你就要为你的软弱付出代价了；不，这次他会更加明目张胆，因为他暗暗地意识到：你没有他活不下去。对于被你辞退而又召回的仆人来说，是同样的道理。

同样的原因，在时过境迁后，你也不应该期望人们在变化的环境下以过往的方式行事。事实上，一个人行为和情感的变化和他兴趣的变化一样快，在这方面，朝三暮四就像是一张短期付款的汇票，如果你不以为意地接受了这张账单，那你一定是更加目光短浅的人。因此，假如你想把一个人安排到某个位置，想知道他的行事如何，就不该寄希望于他信誓旦旦的各种承诺。因为即使他表现得很真诚，他也未必知晓他自己在说什么。评估其行为的唯一方法是：评估他将要去的环境，以及该环境与他的性格可能发生冲突的程度。

如果你想深入了解大多数人性格中真实而忧郁的因素（这样的需求不少），下面的方法会让你茅塞顿开：不妨把他们的表现代入文学作品中来诠释其真实生活中的行为，反之亦然。由此，获得的经验将非常有助于避免产生错误的想法，无论是关于你自己还是关于别人。但是，无论在生活还是文学中，遇到任何具有卑鄙或愚蠢特征的人，都必须小心对待，不要为此烦恼或发愁，而是仅仅将其看作你知识的补充——只是研究人性时要考虑的新事实。你应该像一个矿物学家偶然发现了一种独特的矿物样本那样对待它。

当然，有些事实非常特殊，很难理解它们产生的原因，人与人之间为什么会产生如此巨大的差异？总的来说，有一句颠扑不破的箴言可以解释这一切："这个世界是如此不堪。"在野蛮的国家，人们互相吞食；而在文明的国度，人们相互欺诈——这就是人们口中的世道。到底什么是国家？什么是精心设计的政治系统？什么是国家内和国际间的强权统治？它们不都只是为约束人类无穷罪恶而设的屏障吗？各国的历史无不表明，只要一个国君大权在手，子民兴旺富强，他就必将率领三军像土匪强盗一样侵略邻国。战争的目的不就是掠夺吗？从荒蛮的远古时代，甚至在某种程度上到中世纪，胜者为王败者寇——换句话说，战败者为胜者所奴役；那么，奴役与缴纳战争税之间又有什么区别呢，既然后者实际上是之前的劳动所得？

伏尔泰说："所有的战争都是掠夺。"每个德国人都应当以此为戒。

30

没有人能够完全按照自己的方式生活；每个人都要受到某个先定规划的指引，并遵循某些一般性的规则行事，但也不可过于墨守成规，并且强求自己表现出某些不自然、不属于自己的性格。这种性格是人为造成的，只是依靠理性才逐渐发展，他很快就会发现：人无法强迫本性，如果将它驱逐，它最终还是会回来。

理解一条处世之道很容易，甚至无师自通地发现并讲出一条大道理也不难，可一旦付诸实践，这些道理就不攻自破了。但你也不必为此感到绝望，因为人不可能完全依照抽象的思想和格言去生活。所以，还是跟从内心去生活吧！这里我所说的与所有以实践结果为目标的理论指导相同：第一步，理解规则；第二步，学会如何付诸实践。道理也许只要稍加思考便能立刻理解，但付诸行动则需要时间。

一名学生或许能够用某种乐器演奏音符，也可以学会击剑的各种姿势；但不管他多么努力，还是难免犯错。每当此时，他就会认为在认谱子的时候，或者在激烈的比赛中，还要遵循这些规则是不可能的。即便如此，在长期经受一系列挫折、失败和努力后，他会熟能生巧。其他事情也同理，在学习拉丁语的读写时，人们很容易忘掉拉丁语的语法规则。只有经过长期练习，愚者才能变成朝臣，急躁的人才能变得人情练达，直言不讳的人变得含蓄谨慎，高贵的人变得刻薄讥讽。然而，虽然自律是长期习惯的结果，但它总是通过一种外在的强制力起作用；同时，人的本性会一直与这种强制力作斗争，有时竟能出乎意料地将其打败。出于抽象原则的行为和源于本性的行为相比，就像拿人工艺术品和生命有机体相比一样——比如，一块表的形式和运动来源于无形的无生命物质，而生命有机体的形式和物质是一体的，彼此不可分割。

拿破仑皇帝有句座右铭也说明了后天形成与先天性格之间的关系，这句话也论证了我的观点：不成熟的事物都是不完美的。这是一条放之四海而皆准的真理，无论是在物理世界还是精神世界都是如此。我能想到的唯一例外是砂金石，这是一种矿物学家熟悉的物质，它在经过人工加工之后，与原始状态有天壤之别。

说到这个话题，我想表达一下对于所有“造作”的反感，无论形式为何，这永远都让人鄙视。首先，它意味着欺骗，欺骗就是怯懦，因其常根植于恐惧；其次，它意味着自我谴责，说明一个人想要表现出他根本没有的东西，也就是觉得自己不如别人。一个人假装拥有一种品质并以此为荣，本身就是在承认自己不具备这种品质。不论是勇气、学识、智慧、机敏、人缘、财富、社会地位还是其他足以吹嘘的品质，仅通过一个人吹嘘的样子便可判定那种品质恰恰是他所缺少的。因为一个真正拥有某种品质的人是不会装模作样的，他知道自己有底气，就很满足了。就像一句西班牙谚语说的那样：“铮铮作响的马掌往往少颗铁钉。”的确，就像我在开头说的，任何人都不应太放纵自己，不该表现出自己的全部，因为我们本性中有许多邪恶、兽性的方面，那正是我们应该藏起来的部分；虽然这为被动的掩饰做了辩护，但并不能为主动伪装自己没有的品质这样的行为提供辩解。要谨记的是："造作"是一眼便能分辨出来的，甚至人们还没有看清伪装的品质是什么，你就已经原形毕露了。最后要说的是，装模作样是断不能长久的，面具早晚会掉下来。塞涅卡有这样一句格言："没有人能一直伪装下去，因为天性不久就会重申自我。"

31

人背负着自己的体重却不自知，但若是其他物体，就立刻能感受到重量；同样地，一个人能看到他人的缺点和恶习，对自己的却视而不见。这件事有一点好处：让他人成为一面镜子，能清楚地看出自己本性中所有邪恶、丑陋、野蛮与可憎。就像一个古老的故事中，一条狗对着自己的影子狂吠不已，它以为自己看到的是另一条狗，实则是在对着自己叫。

批评他人的人也在自我改造。有些人惯于暗中观察别人的一言一行、一举一动，并对此严加评论，由此，他们不断地进行自我调整和完善，从而让自己变得完美。因为他们具备充足的正义感，至少是骄傲和虚荣心，避免做出自己曾在别处严厉谴责的行为。但心胸宽广的人则恰恰相反，他们待人待己都常怀一颗宽容之心——"给予就会得到回报"。《圣经》说："别人眼中的一粒微尘在自己眼中可能就是庞然大物。”人的眼睛是用来看他人的，而不是只盯着自己。因此，观察他人、责难他人是认识自身错误的一种绝佳方法。每个人都需要一面审视自己德行的镜子。

这个道理同样适用于文风与文笔。看到一些时新的愚蠢把戏时，如果你不加以批判而是去夸赞，就会模仿起这种风格。这就是这种文风能在德国大行其道的原因。德国人是非常宽容的民族，这是世人皆知的。他们有这样一条准则：“请相互宽容。”

32

一个品格高尚的人，在年轻时会认为人与人之间的普遍关系，以及基于这些关系所形成的联盟本质上是“理想化的”，或者说这些关系和联盟是以相似的性格、感情、品位、智力水平等因素为基础的。

但是后来，他会发现这些关系和联盟其实是建立在“真实”的基础上的；即基于一些物质利益。这些联盟都是如此，说实在的，大多数人对以其他东西为基础的联盟一概不知。因此，我们会发现衡量一个人的标准往往是他的职位、职业、国籍或是家庭关系——一言以蔽之，就是世俗生活派给他的地位和角色，就像一件货物被贴上标签，任人处置。一个人永远都不会谈及自己作为一个人的内在品质，或是自身个性的尺度，除非是出于方便考虑。因此，从这些角度看待人往往会被当作例外，人一旦发现它不那么讨人喜欢，就会立刻将之抛诸脑后，这是司空见惯的事情。但是，一个人的个人价值越高，他能在世俗安排中获得的快乐就越少，于是就会从这些领域中退出来。这些俗事之所以存在，是因为在我们所处的这个世界中，苦难和贫瘠是最显著的特征。因此，无论在哪里，想办法减轻苦难、缓解贫困都是生活中最要紧的事。

33

正如纸币替代了真正的金属货币在世界上广为流通，真正的尊重和友谊也是同样，你能看到的不过是外在表象，它对真品模仿得惟妙惟肖。

另一方面，有人会问谁能配得上一枚货真价实的货币？就我个人而言，比起用一百种方式表达友善的人，我会更敬重一条真诚摇尾乞怜的狗。

真诚而坦率的友谊是以对他人幸福和痛苦的强烈同情心为前提的，本质上是绝对客观、毫无私心的，这也就意味着自我与朋友间的一种绝对认同。但人本性中的自私与这样的同情心会产生强烈的对抗。因此，真正的友谊只属于某些物种，比如海蛇，没人知道它们是虚构的，还是真实地生活在某处。

虽然如此，很多时候，人与人之间还是会有点滴的真情实感，尽管深层还是悄悄暗藏个人利益，只是自私的多种表现形式之一罢了。但在这个不完美的世界里，这样点滴的真情实感具有如此高贵的影响，让我们能够称这样的关系为“友谊”，它要比尘世间普通的友谊更加崇高。所谓尘世间的友谊是这样的：当你听到挚友在背后说你的坏话，便可以与他从此绝交。

除了需要朋友做出自我牺牲才能助你一臂之力的那些情况外，检验他感情真实性的最好方法就是去观察他在听到你遭遇不幸后有什么反应。那时，他的表情要么表现出发自内心的同情，要么表现出完全的镇定自若，要么就是流露出同情之外的某种感情。这正应了拉罗什富科的那句箴言：“当最好的朋友遇到不幸，我们总能找到一些让人开心的理由。”确实，在这样的时候，所谓普通的朋友会暗自流露出难以抑制的开心。没有什么比告诉别人自己最近遇到的麻烦事，或毫无保留地说出自己的弱点，更能让对方开心了。这便是人性独有的特点吧！

不管你多么不愿意承认，距离和长时间缺席都是对友谊不利的。我们对于见不到面的人的印象会随着岁月的侵蚀而逐渐消逝，即使最亲密的朋友也是如此，慢慢地，他们会变成抽象的概念；于是，对于他们的兴趣会逐渐趋于理智，或者说只是作为一种习惯保留下来。但对总在眼前出现的事物，我们总会产生鲜活、深刻的兴趣，即便只是一只宠物。这说明感官对人类的限制作用有多么强。正如歌德在《塔索》中谈及“此时此刻”对我们的重大影响时所言：“‘此时此刻’是一位威力无比的女神。”

英语中有个非常贴切的表述叫“家宅之友”（friends of the

house),因为这些人是房子的朋友,而不是主人的朋友。换句话说,他们更像是恋家的猫，而不像亲人的狗。

你的朋友们会说自己很真诚，但其实真诚才是你的敌人。所以，把敌人的斥责当作苦口良药，当作提高自我认知的方式吧!

常言道，患难见真情。不，其实恰恰相反，刚交的朋友往往立刻患难，张口就要借钱。

34

如果你认为可以凭借展现才华和精明来获得别人的喜欢，那你一定还涉世未深。因为绝大多数人只会因为你的优秀品质而心生愤恨，同时，他们还不得不隐瞒生气的原因，甚至对自己也要隐瞒，使得这种恨意更加难以忍受。

实际上，如果一个人正在谈话的对象比自己更有才华、更精明，那么，他就会不知不觉地暗下定论：对方一定会低估我的能力。这种草率的、三段论式的推断会激发起最痛苦、最阴郁的愤恨。作家格拉西安有一句话说得很对：“想要赢得他人的喜爱，唯一的办法就是表现得像动物一样行为简单。”

显露才华和见识，相当于间接指责他人的愚钝和无能。另外，世俗之人很容易为与自己见解相反的事物产生剧烈的情绪波动，在这种情况下，妒忌将使他心生敌意。因为司空见惯的是：人们最大乐趣的来源就是自己的虚荣心，而如果没有与他人的对比，虚荣心就不能得到满足。如今，人类最引以为傲的莫过于智力，正是这种能力使其在动物界中处于主导地位。

因此，最莽撞的事情莫过于向他人展示出你在才智上的绝对优势，或是让旁观者也看到这一事实；因为这定会激起对方的报复心理，并且伺机侮辱你，这时，他的理智已让位于意愿。仇恨面前，每个人都毫无二致。因此，虽然这个社会上的地位和财富总是受人尊敬和艳羡的，但智力永远不会如此，才智所能期待最好的待遇就是被视而不见。倘若人们真的注意到了某个人的才智，也只是将其视为一种无礼的行为，或认为这个人不配拥有这样的智力，居然还引以为豪。于是，为了报复以泄心头之恨，人们暗地里以各种方法来羞辱他。如果他们暂时等待，那也是在寻觅良机。即使一个人在言行举止上无比谦卑恭顺，但只要他在才智方面出类拔萃，就会被认为罪大恶极，而难以得到人们的宽恕。萨迪在《蔷薇园》中写道："要知道，智者讨厌愚人，而愚人更是百倍不愿与智者交往。"

另一方面，做人稍微蠢笨一点也未尝不可。正如温暖使人感到舒适，优越感对人的身心也大有裨益。一个人在寻找同伴时会本能地接近给他以舒适感的人，就像想要取暖时，会本能地靠近壁炉或走进阳光一样。这就意味着有人会因为优越性而遭人厌恶；一个人如果想要招人喜欢，就必须在智力上低人一等，女人的美貌也是同样的道理。但是，要向我们遇见的一些人证明自己确实不如他人，也实在是件难事！

试想一个相貌说得过去的女孩在认识一个样貌丑陋的女孩时会多么热情和亲切。体型和样貌上的优势对男人来说不是特别适用，但我猜想你还是宁愿坐在一个矮个子旁边，而不想旁边的人比你高大。这就是为什么男人群中最受欢迎的往往是那个迟钝无知的人；而女人堆里最受欢迎的是那个最丑的姑娘。人们可能会说这样的人性格极好，因为每个人都想找个理由和他们待在一起——欺骗自己也蒙蔽他人，掩盖了他们受欢迎的真正原因。这也是为什么精神世界丰富的人总是形单影只，因为他周围的人出于纯粹的恨意远离他、孤立他、在背后对他说三道四，让自己的行为看似合理。对于女人而言，美貌也是如此，绝美的女人是没有同性朋友的，甚至找不到能够相陪伴的女孩子。一个俊美的女人不该申请任何陪伴性质的工作，因为她一进入屋子，未来的女老板一看到她的美貌就会满脸不悦，觉得她一定非常愚蠢，为了自己和女儿，可以随时将她开除。

35

我们对于他人的信任往往源于我们自身纯粹的懒惰、自私和虚荣。我说的“懒惰”是指我们对事物不去关心、不打听，而宁愿相信他人；“自私”是指我们迫于自身事务的压力，需要向别人倾诉秘密；“虚荣”是指我们会把自己引以为豪的事告诉别人，还要对方保密。尽管如此，我们还是希望他人不会辜负我们的信任。

如果他人没有给予信任，我们也不应该感到气愤，因为这意味着对方非常珍视“真诚”——“真诚”是如此稀有，让人怀疑它是否真实存在。

36

作为中国人恪守的基本美德，“礼”建立在两大原则之上。我曾在《伦理学》一书中对其一做过解释；其二便是如下所述。“礼”是人与人之间形成的一种默契，因为“礼”的存在，人们会忽视他人在道德上或是智力上的某些可悲的缺陷，并对此不置褒贬，这样的缺陷因此显得并不突出，最终人们达到了互利共赢的结果。

有礼是明智之举，而无礼则是愚蠢的行为。因不必要的、任性固执的无礼行为而树敌是愚不可及的，就如同放火烧自己的房子一样。因为礼就像是一眼就能看穿的假硬币，如果用假币还吝啬那就太蠢了，理智之人都会慷慨解囊的。国家信件的结尾都习惯于写上：“你最忠诚的仆人。”（只有诚实的德国人不会使用“仆人”这个词，因为这显然不是真的。）但是，毕恭毕敬到这种程度可能是有害的，就好像你在一个只收假币的地方一定要给真钱一样。

蜡，是一种天然又硬又脆的物质，通过加热可以将其变软，塑造成任何你想要的形状。同样，以友善和礼貌对待一个暴躁、恶毒的人亦可以使其变得温和而殷勤。因此，以礼待人就像给蜡加热一样。

要做到彬彬有礼自然不是一件易事。我的意思是，这要求我们对每个人都表现出极大的尊重，而大多数人根本不值得尊重；而且，它要求我们对他人表现出最强烈的兴趣，而我们却丝毫不希望与其产生任何关系。把以礼待人和自尊心结合起来需要一种伟大的智慧。

如果我们没有对自己的价值和尊严做出过高的估计，或者说我们不过于以自己为荣又清楚一个人对另一个人的内心判断的话，那么面对他人的无礼，我们就不会动辄大发雷霆，即使严格来说那意味着我们没有受到应有的尊敬。如果大多数人对那些细微的指责感到不满，可以想见，当他们无意中听到熟人对他们的评论，会是怎样的感受。不应该忽视这样一个事实：通常来说，以礼待人只不过是戴上了一个假笑面具，如果对方把面具稍稍移动一下位置，或者直接拿走，你大呼小叫是没有用的。毫无礼数之人就像是一丝不挂、赤身裸体地站在你面前。不论是谁，这副样子都不会很美观。

37

对于该做的和不该做的事，绝不该以他人为榜样；因为在这两种情况下，每个人所处的地位和环境都是不同的，性格的差异会使人们处理事情时体现出独特的个性。因此，同样的事情两个人做会有不同的结果。人应该根据自己的性格特点，三思而后行。

这样做的结果是，人的处世判事具有非常强的“独创性”，不然的话，他做的事将与他的本性不符。

38

不要轻易反对他人的意见，即使你已经高寿，也不可能把他人所有离经叛道的想法纠正过来。

在谈话中也要避免纠正别人的错误，无论你的出发点多么合理。因为得罪别人容易，改正他人却是艰难的，甚至是不可能的。

如果你对碰巧听到的两个人的谈话而感到恼火，就应该想象自己是在听两个“傻瓜”在一部喜剧中的对话，屡试不爽。

如果一个人活着就是为了对他认为重要的事情进行教导，那如果他能毫发无损地走完一生，真的该谢天谢地了。

39

如果你希望自己的观点得到认可，就一定要从容不迫、镇定自若地表达出来。所有的激情都来源于我们的“意愿”，如果你表达得过于激烈，人们会认为你的观点并不是知识的结晶，而是意愿的反映，因为知识的本质是冷静的、不带有感情色彩的。意愿是人性的根本要素，而智力仅是次要要素，因此，人们会倾向于认为你表达出的观点是由于意愿太过亢奋，而不会觉得你的观点本身是充满激情的。

40

即使你有充足的理由赞扬自己，也不应该自吹自擂。因为虚荣是庸俗之物，而美德是超凡脱俗的，如果一个人看起来是在自吹自擂，不管他隐藏得多么巧妙，人们也确信他是出于纯粹的虚荣心而夸夸其谈，并且觉得他把自己弄得像个蠢人。

尽管如此，培根说过一些很有道理的话，他说诽谤就像尘土一样，越掸越多，自吹自擂也是如此。因此而得出的结论是：自我夸赞一定要适度。

41

如果你有理由怀疑一个人在对你撒谎，那就假装相信他说的每一个字。这将使他在这条道上走到黑，他会变得越来越激进，最终作茧自缚。

同样，如果你觉察到一个人在隐瞒什么，但又露出了马脚，就表现得看上去好像你不相信他一样，你的这种反对会让他为了打消你的不信任和疑惑，和盘托出事情的全部。

42

你应该对个人隐私完全保密，并且，涉及个人隐私的事情，即使是关系很好的熟人也要当作完全陌生的人来对待，只让他们知道他们所看见的东西即可。因为随着时间的推移，物是人非之后，你可能会发现，即使让他人知道你最无关痛痒的小事也会对你不利。并且，通常情况下，沉默不语要比夸夸其谈更能显示你的聪明才智；因为默不作声表现出的是老成持重，而摇唇鼓舌只会让人感受到你的自负。一个人展示自己沉默寡言的特质和表现能言善辩的机会是同样多的，但是，人们往往更愿意享受畅所欲言所带来的即时快感，而不愿意选择沉默带给人的恒久裨益。

朝气蓬勃的人不应该在没有听众时还因自己的高谈阔论感到满足，更不应该将此形成一种习惯。因为思想与言谈的关系正是借此途径发展而来，这样下去，言谈可能会替代思想发声。想要变得老成持重，就必须在所思与所言之间建立一条不可逾越的鸿沟。

有时，我们会以为人们一定不会相信那些会对我们个人产生影响的言论，而对方却从来不会这么想。如果我们给对方一个怀疑自己的机会，他们便会头也不回地再也不相信你。我们经常背叛自己，透露一些秘密给他人，只是因为我们以为别人已经注意到了蛛丝马迹——就像一个人会因为失去理智而从高处摔下来一样。换句话说，因为他认为自己再也不能站稳脚跟了，他在高处所受的痛苦是如此之大，无法再忍受一刻。这就是所谓的“恐高症”。

但我们不应忘记的是：不管他人对其他事情看起来多么迟钝，可一旦牵扯到你的私事，他们就会变得极其精明而敏感，就好像拿到了代数的公式，只要知道几个简单的事实，他们就会据此推算出最复杂的问题。

所以，如果你想讲述一件很久以前发生的事而又不提及他人的名字，或是指向某个特定的人，那就不该在你所讲述的事件中加上任何哪怕细微的事实。不管这件事发生了多久，都不该包括地点、日期、任何一个人名或与其相关的任何细节。因为这立马就会给对方提供具体的事物来做出判断，他们会用到上面说的数学公式一步一步推演出剩下所有的事情。他们对这些事情的好奇心会变成一种热情，意愿会激发智力，驱使他们得到最遥远、最具体的结果。不管人们对普遍真理多么无感，他们对这些琐事却无比热心。

正如我上面所说，你会发现凡是那些传授人生智慧的大师无一不推崇沉默的好处，他们能列举出一条条实例来证明这一点。所以，关于此我也无须赘言。不过，我想再补充两条著名的阿拉伯谚语，放在这里再合适不过：

不告诉敌人的事，也别告诉朋友。

是自己的秘密，就永远封存；

若它不幸流走，我将沦为囚徒。

唯有缄默之树结得出和平之果。

43

金钱被人骗走后你所得到的好处最多，因为你一下子就买到了谨慎。

44

如果可能的话，最好不要对任何人怀有敌意。但是，要仔细观察并记住对方的行为举止，以便衡量他的价值——至少是对你自己的价值——相应调整你对他的态度。永远不要忘记一个事实：性格是不可改变的，忘记别人性格中的缺点就像扔掉辛苦赚来的金钱。这样，你能保护自己免受不明智的亲密关系和愚蠢友谊的伤害。人情世故的智慧有两条准则，第一条是："不为爱而让步，也不为恨而让步"，第二条是："什么也不说，什么也不信"。说实话，一个世界，要求我们遵守这样的准则，以及后面将要说到的其他规则，人，大可以弃它而去。

45

对人愤怒地说话，或者通过话语或眼神来表达憎恨，都是不必要的，是危险、愚蠢、荒谬、粗俗的。

愤怒和仇恨永远不应该表现在你所做的事情上，情感只有在实际行动中才会起作用，其他的方式都不是表现情感的地方，就像只有冷血动物的叮咬是有毒的。

46

讲话模棱两可、不置可否是精明之人处世的一条老规矩。这意味着把你说出的话留给他人去揣摩，由他人反应时间造成的延迟，你就争取到了转移话题的时机。另一方面，“强调话语的含义”就是在刺激对方的感受，这样做的结果总会和你期望的相反。如果你在举止上足够礼貌，在语气上足够谦恭，那么即使说一些人的坏话也无妨，不会对他们造成冒犯。

第四章　处世的经验

47

不管人类命运的形式如何变化，相同的因素总是存在的。所以，生活到处都大同小异，无论是在茅屋里还是在皇宫里，在军营里还是在修道院里。几乎在所有的环境中都是如此！无论是奇遇、成功或是失败，生活就像一个糖果店，货品种类繁多，形状奇特，颜色多样，但全都是用同一种糖浆做成。当人们谈论某个成功的人时，会觉得他和失败者其实并没有太大不同。世界上的不平等就像万花筒中的组合，每一次转动都会有一幅新鲜的画面映入眼帘，然而，实际上，你看到的还是以前那些玻璃片。

48

古代一位作家曾说世界上有三种伟大的力量，那便是睿智、力量与运气。在我看来第三种是最有用的。

人的一生如同一条船在海上的旅程，其中运气就像是海上的风，这艘船有时逆风有时顺风，顺风时乘风破浪，逆风时就会偏离航道。而一个人可以为自己做的，微乎其微。就像船舵一样，如果持续努力地工作，可能会对船的航行有所帮助；然而，又可能因为一场突如其来的狂风而前功尽弃。但如果遇到顺风，船就会继续航行，不需要船舵了。运气的力量也正如一句西班牙谚语所言："祝儿子好运，然后把他扔进海里。"

可以说，"机运"是一种恶的力量，应该尽可能少让它发挥作用。哪里有任何一个送礼者在分配礼物时，明确地告诉我们，我们本没有权利得到这些礼物？我们不是因为任何功劳得到这件礼物的，而是完全凭送礼者的善良和恩典，这让我们怀着惊喜的心情，谦卑地接受来自同一双手的更多"恩赐"的礼物，除了"机运"，哪里有任何一个送礼者会像这样呢？"机运"懂得王者的艺术，向接受者表明，所有的功绩在皇室的恩典和宠爱面前都是无力的、无用的。

当一个人回顾自己的人生历程，那条"充满错误的路"，会看到有很多与幸运失之交臂、让不幸降临的经历。这就很容易让人产生过分的自责。一个人的一生绝不全是自己的造就，而是几个因素的产物，一个是人生中一系列发生的事情，另一个就是面对这些事情一个人所做出的反应，这两者不断发生交互、互相影响。除了这些，还有一个因素就是，一个人非常有限的眼界：不是他的计划看得不够远，不能及时适应变化，就是他缺少预测将来的能力。他的知识只是仅仅局限于当前的计划和目前发生的事。因此，一旦一个人的计划出了偏差，就很难再完美地按原计划进行，不得不妥协于一条差不多正确的道路。在走向认定方向的过程中，他时常要迂回调整。

而一个人能做的，无非时不时地根据自己所处的环境，调整自己的策略，以期实现最终目标。对于大多数人，我们所处的状况和所要达到的目标，就像背向抗衡的两种趋势，而我们的生命旅程，就在它们的对角线或最终合力上运行。

特伦斯说生活就像是掷骰子，如果凭运气得到的不是你想要的那个数字，那就想办法用技巧玩出自己想要的结果。换句简单的话说，生活就是打扑克，洗牌和发牌是由命运负责的。但就我目前的主题而言，最恰当的比喻是把生活比作下棋，下棋的时候我们制订的策略受到对手的限制，而在生活中，那对手便是无常的命运。我们不得不修改我们的策略，以致到最后计划实施的时候，和原来制订的计划已大不一样了。

但是除了这些，我们还能感受到另一种东西对生活的影响。虽是老生常谈，但却所言不虚，那就是——我们常比自己想得更蠢；而另一方面，我们也常比自己想得更聪明。只有那些有切身感受的人才能慢慢发现这一点。在人生的重要时刻，当一个人决定迈出重要一步时，他的行动与其说是由任何正确的知识指导的，不如说是基于一种内在的冲动，你几乎可以称之为本能，来自天性最深处。如果以后，他试图用抽象、硬性的正误观来批判自己的行为，这些无益的观念由死记硬背或者是从别人那里借鉴而来；如果他开始把一般的规则、别人的指导原则应用于自己，而没有充分权衡“甲之蜜糖乙之砒霜”这句谚语，那么这其实对他自己是巨大的不公。结果会证明什么才是正确的方式。只有当一个人到了拥有智慧的幸福年岁，才有能力对自己或他人的行为做出公正的判断。

可能是这种冲动或本能就是预言梦的潜意识效果，当我们醒来时，就忘记了梦中事——这使我们的生活有了一种基调，某种戏剧性的统一，而这种统一在清醒的时候是永远不会产生的，那时我们心智不稳，很容易陷入错误，容易做出错误的判读。由于这样的预言梦，人会觉得丰功伟业正在呼唤自己，并且朝着实现这个梦想而努力，自从年轻时候就有一种深藏内心的神秘感觉，即这是他应该走的路，就像蜜蜂建造蜂巢的本能一样。这就是巴尔塔萨尔·格拉西安所谓的道德辨别力的伟大力量：一个人会本能地觉得，这就是他的救赎，没有它自己就会迷失方向。

按照抽象的原则行事极其困难，在偶尔成功之前，需要大量的实践；有时候，这些原则并不适合特殊情况，每个人都有某些与生俱来的具体原则，就像流淌在血管里的血液一样，是他所有思想、感情和意志的总和或结果。

通常情况下，人本身对它们没有任何抽象的认识；只有当他回顾自己的人生历程时，他才会意识到自己总是被这些原则牵着走，好像它们形成了一条无形的线索，自己不知不觉就跟着走了。

49

时间会带来巨变，所有的事物都具有瞬息万变的本质，这些真理我们应该牢记于心。因此，无论处在什么情况，都要想到相反的一面。在繁荣的时候要想到衰败；在友谊中要看到敌对；在天气晴好时要想到密布乌云；在爱中要看到恨；在信任中要看到惨遭背弃所带来的悔恨，等等。所以，当你处在难熬的困境之中的时候，也要能想起幸福时刻的那种心境，这真是世间智慧的不竭来源。我们应该时刻反省，不要那么容易被欺骗。因为总的来说，我们应该预见岁月终将带来变化。

最不可脱离个人经验所获得的认知或许是：世间所有的事情都是不稳定的，都是暂时的。世间万物所处的位置或持续的时间，都是必然的产物，故完全合理。正是这个事实，使每一年、每一月、每一天的情况似乎都可能持续到永远。然而，我们知道，这是不可能的。世间万物都在变化，只有变化是永恒的。作为一个谨慎的人，不仅不能被表面的稳定所欺骗，而且要能够预测未来要发生的变化。

可人们总觉得当下的情况会一直持续下去，事物将来也不会和过去有多大差别。这是因为他们不明白他们所见事物发生的原因。这些原因与其产生的后果不同，本身就包含着将来变化的种子。人们知道的只是后果，坚信产生事物的原因还会继续保持事物不变。这是一个非常普遍的错误，但这也有好处，那就是人们会一起犯错，那么它导致的结果对大家来说都是一样的，所以内心也好承担。然而，如果一个哲学家犯了错误，那么这个错误就是他自己的，不利之处就要加倍了。

当我说：人应该做好应对时间作用的准备，意思是我们需要在精神上预见时间可能会带来的改变，而不是要求立即兑现只有时间才能实现的承诺，采取实际行动来预防。这样的人会发现时间是最坏、最严苛的“高利贷债主”。如果你强求时间提前给你钱，就要付出最高的利息，比犹太人要的还多。比如，利用生石灰和人工加热可以让一棵树在几天内就发芽、生叶、开花甚至结出果实。然而，之后这棵树就会枯萎死去。所以，一个人在年轻的时候可能肆意使用他的力量，可能只有几星期，但是如果他想在 19 岁做他在 30 岁轻易可以做到的事情，虽然时间允许他这么做，但是他要付的利息，就是他日后的精力，甚至是一部分生命。

有些疾病，只有任其自然康复，才有可能痊愈。康复之后它将消失得无影无踪。但是，如果得这种病的人缺乏耐心，明明还抱恙，但坚称自己已经康复，在这种情况下，时间也会借贷给他，病或许会好，但需要付出的代价将是长时间的体弱和慢性病。

同样，在战争或大动乱的时候，一个人可能会立即需要现钱，并且不得不以三分之一甚至更小的一部分的价格卖掉他投资的土地或债券，如果他能等待市场在适当的时候恢复正常，那么就不必蒙受损失；但他迫使时间给予他一笔贷款，而他损失的是必须支付的利息。一个人需要一笔钱来进行长途旅行，本来他在一两年内就可攒够这笔钱，但是他不想等待。于是要么举外债，要么从自己的积蓄中拿出一部分。换句话说，他在向时间借债，付出的利息和代价就是账目混乱，以及持续增加的赤字，永远也不能还清。

这就是时间的“高利贷”，不能等待的人都是他的受害者。没有什么比试图改变时间的步伐更挥霍的了。那么一定要小心，不要让时间成为你的“债主”。

50

在我们的日常生活中，你有很多机会看到普通人和做事审慎的人的区别。在做事考虑风险的时候，普通人局限于考虑那些过去已经存在的风险。而审慎的人则不同，他们会着眼长远，将来可能发生的事他们无一没有不考虑的，就像一句西班牙谚语所言：“一年之内不会发生的事情，可能在两分钟内就发生了。”

当然，这些差别很自然。因为计算各种事情发生的可能性，需要一定的辨别力；但明白已经发生的事情，只需要他具备理智。

不要忽略祭祀恶灵。我的意思是，一个人如果能关闭不幸的大门，就应该毫不犹豫地花费时间、精力、金钱，放弃舒适，限制目标，甚至否定自己。最可怕的不幸也是最不可能发生的、最遥远的，在现实生活中遭遇的可能性最小。我说的规则在保险行业的实践中得到了最好的验证，保险就是人们对焦虑献上的祭品。因此，快去为自己投保吧！

51

无论你遭遇了怎样的命运，既不要大喜也不要大悲。这是因为所有的事情都充满变数，你的好运可能随时会结束。部分原因在于人的判断极易遭到欺骗，分不清楚好坏。

几乎每个人都曾为自己以为不好的事情垂头丧气，之后才发现这是他们人生中最好的事情；或者曾为之欢呼雀跃的事情，转身变成了最大痛苦的来源。从莎士比亚的句子里，我们可以一睹什么是正确的心态：

> 我已经尝惯人世的悲欢苦乐；因此，不论什么突如其来的事变，也不能使我软下心来。

而且，大体上来说，如果一个人默默地承受不幸，那是因为他知道在人生的历程中可能会发生很多可怕的事情。所以，他把当下的麻烦看成是可能到来的不幸中很小的一部分。这就是斯多亚派的态度，时刻不忘人类的悲惨命运。要时刻记得我们的生活中充满着祸患与不幸。他看到的都是人类在苦难中不知所措苦苦挣扎，所有的一切都为了可怜地生存下去，贫瘠乏味，毫无益处！

如果记得这个道理，人对生活就不会有太多期待，要学会适应所处的世界，一切都是相对的，完美的状态是不存在的；要时刻谨记正视不幸，如果不能避免，那就勇敢面对。

永远不要忘记，无论大小，不幸都是我们生活的一部分。但这并不意味着人应该沉沦在烦躁的抱怨中，就像贝尔斯福德一样，在《人类生活的苦难》中拉着脸，无时无刻不在抱怨；更有甚者，跳蚤叮咬一下就要呼唤神灵，请求上苍保佑。我们的目标应该是好好观察四周，勇敢对抗不幸，不断精进躲避人生中的不如意之事的技能，无论是人为的还是自然的，要像一只聪明的狐狸，从所有苦难之中逃脱，无论大小。要记住，祸事的背后往往只是我们自己的无能。

如果我们知道苦难是可能发生的，就如老话所说“做好了迎接苦难的准备”，那么当不幸降临的时候，我们遭受的打击往往没那么大，其原因可能是，如果在这种不幸来临之前，我们已经默默地考虑过它是否会发生，那么我们就已经知晓它的整个范围和程度，由此，至少可以确定它对我们的影响有多大。这样，如果不幸真的到来，我们就不会感到特别沮丧，它的程度不会让我们感到比实际情况更严重。但如果我们对不幸毫无准备，那么当它不期而至的时候，我们就会慌乱，无法判断这件事情具体会造成多大的破坏，只觉得天都要塌下来了，必定会夸大不幸的影响力。同样的，黑暗和不确定性也会增加危险感。当然，如果我们已经考虑过不幸的可能性，那同时也会想到可以从哪里寻求帮助和安慰；无论如何，我们已经习惯了“不幸”这个概念。

没有什么比知道所有的事都是必然的，更能让我们沉着地忍受生活的不幸，无论是鸡毛蒜皮的小事，还是生死存亡的大事。如果一个人知道：除了必然之外，没有任何其他事情会发生；他就会看到，即使是世界上最奇怪的事情，其发生也有必然性，不可能是任何其他发展，而且这些事也都遵循众所周知的规则，其结果也完全按照预期的发展。于是，他很快就会适应不可避免的事情，适应那些一定会发生的必然之事。在此，请允许我提及我在其他地方所说的，关于一切事物都是必然的或是必然的产物这一认知，它能给我们带来安慰。如果一个人深知这一事实，那么他首先会做应该做的，然后忍受必须忍受的。

我们可以把生活中不断发生的琐碎烦恼，看作为了让我们在实践中承受巨大不幸而做的准备，这样我们就不会因为事业的繁荣而变得精疲力竭。人应该像全副武装的齐格飞骑士[1]一样，别把每天的小麻烦当回事，那些人与人之间的小分歧、微不足道的争执、别人的不当行为、小道消息，以及许多其他类似的生活烦恼，更不要把它们放在心上，沉思不已，而应该与其保持距离，就像对待路中间的石头一样，把它们推开，不要浪费脑子去想这些事情。

---

1 齐格飞，德国叙事诗《尼伯龙根之歌》中的屠龙英雄。他沐浴龙血，从而刀枪不入。但是，背后被椴树叶遮盖处是他的死穴。

52

人们通常说的命运,其实只是一个人笨拙愚蠢的行径。在《荷马史诗》中有一段文字很好地说明了这一真理。诗人这段文字赞扬了“精明的议会”，这是非常值得我们注意的劝告。因为恶行只能在另一个世界赎罪，而愚蠢在今世就可得到报应，尽管罪犯偶尔也会得到宽恕。

不是凶狠，而是狡猾让人心惊胆战，让人预感到危险即将来临。人的大脑是比狮爪更可怕的武器，这话一点不假。

世界上最完满的人，应该是一个始终坚定、从不慌张的人。

53

勇气是除了谨慎之外，对幸福最重要的一种心态。当然，我们无法自己获得这些，因为需从母亲那里获得谨慎，而从父亲那里继承勇气。但若一个人已经拥有这些品质，就可以通过不懈的努力来提升和发展它们。

这个充满变数的世界就像掷骰子游戏，人必须拥有钢铁的脾性、对抗命运打击的铁甲和与他人对抗的武器。生命就是一场持久战，每一步我们都要抗争，正如伏尔泰所说：“如果我们成功，那便是依靠利刃，直到我们死亡，手中还要握着武器。”只有懦夫才在看到风暴开始聚集，甚至看到地平线上出现一片乌云，就退缩不前，黯然神伤。我们的座右铭应该是“绝不投降”，我们绝不要屈服于生命的不幸，让我们从不幸之中鼓起更多的勇气。

不要向邪恶低头，而要更勇敢地继续与之对抗。

任何充满危险的事情只要还有余地，就还有挽回的可能性，我们就要抵抗，任何人都不应该颤抖或胡思乱想。就好像要是能在天上看到一点蓝天，就不该对天气感到绝望。我们的态度应该如此：即使世界崩塌于前，也要泰然处之。

我们的一生，都不值得我们懦弱颤抖，内心退缩。因此，让我们勇敢面对生活，以坚定的姿态面对一切不幸。

不过，有时候过度的勇气会变成鲁莽。甚至可以说，如果我们想要在这个世界上生存，有一些恐惧也是必要的，而怯懦只是它的夸大形式。培根在他对“潘尼库斯恐怖（Terror Panicus）”一词的解释中很好地表达了这一真理。他对其含义的词源学解释，比普鲁塔克为我们保留的古老解释要好得多。培根将这一概念与自然的人格化潘神（Pan）联系在一起，并指出，恐惧是每一个生物与生俱来的，它实际关乎一种生物的存亡。但常常没什么缘由，恐惧就会袭来，而人尤其如此。这种“潘尼库斯恐怖”的主要特点，是没有任何明确的危险出现，这种危险是假定出来的，而不是真的确定有危险。在需要的情况下，它以“恐惧”本身作为害怕的理由。

第五章　人生的阶段

伏尔泰有一句非常精妙的名言，大意是说，人生的每个年龄段都有自己独特的心理特征，如果一个人的心态不符合他的年龄，他就会感到很不快乐。

> 人的头脑与年龄不相符的话，
> 所有的痛苦都会来到。

因此，如果看看人生各个时期在我们身上产生的变化，对我们研究幸福的本质是非常合适的。

我们的一生其实就是“现在”，我们拥有的也只有“现在”。区别在于，年轻时我们期盼未来，年迈时我们追忆过去。同时，我们的性情（但不是性格），发生了极大改变，这使我们在人生的不同时期看到的“现实”展现出不同色彩。

我说过，孩童时期我们更倾向于使用智力而非意愿；为何如此我已经解释过。也正是因此我们人生的前四分之一是如此的快乐。多年后，当我们回首年少的这段时光，就像是回不去的伊甸园。孩童时期，我们的人际关系比较简单，想要的东西也很少。简单来说，刺激意愿的因素比较少，主要的关注点都放在扩展知识这方面。智力，就像大脑一样，发展得比较早，在 7 岁的时候器官就发育完全，但是成熟的时间比较晚，且在不断寻找营养的过程中，探索着周围的整个世界。这时，存在本身就是一种永远新鲜的乐趣，一切事物都闪烁着新奇的魅力。

这就是为什么童年的岁月就像首长诗。因为基于柏拉图的定义，诗歌和所有艺术的功能是把握理念，换句话说，就是以这样的方式来领悟一个特定对象，以感知它的基本性质和它与所有其他同类对象所具有的共同特征。这样，单一的对象就会作为一类对象的代表出现，而一种经验的结果也适用于一千个对象。

可能有人认为我的言论与事实相反，认为儿童除了对呈现在他们面前的事物有兴趣研究摆弄之外，并不会主动去思考什么，但事实并非如此。在孩童时期，生命的意义，是那么的新奇，人的感官是那么的敏锐，不因重复而迟钝，在所有追求的过程中，孩子虽然并没有清楚地意识到自己在做什么，但其实是悄悄忙于把握生命的本质，通过不同的场景和经验得出其基本特征和总体轮廓。用斯宾诺莎的话来说，从永恒的形式，孩子学习如何看待事物和人，这是普世法则的一种特定表现。

我们越年轻，一个单独的物品越能代表他所属的整体。但随着我们年龄的增加，这种情况就越来越少。这也是为什么，年轻时的印象和年老时的印象，会如此的不同。这也是为什么，在童年和青年时期，获得的些许皮毛知识和经验，会成为所有在以后生活中获得的知识永久的标准和尺度。我们早期获得的知识形成了各种类别，以后获得的经验就据此分门别类。虽然这个分类的过程，我们并非总能清晰地意识到。

因此，人们在生命的早期就树立起了世界观，不管是深刻的还是浅薄的。这种世界观在以后可能会得到扩展和完善，但并不会发生实质性的变化。这种纯客观、充满诗意的世界观的影响，在童年时期是必不可少的，而且在童年时期由于意志力尚未发育，儿童更关心的是获得纯粹的知识，而不是行使自己的意愿，所以也促进了这种世界观的发展。所以，在很多孩子身上都能观察到那种严肃、专注的表情。拉斐尔愉快地将这种表情使用在了小天使的绘画中，在《西斯廷圣母》中尤为明显。童年岁月就这样被渲染得充满了幸福感，以致回忆起来总是伴随着憧憬和遗憾。

我们了解周遭事物的基本方法，是学习它们的外在方面，当我们急切地想这么做的时候，教育以向我们灌输“概念”为目标。但是，概念并不能反映事物的本质，而事物的本质才是所有真知的基础，想要了解事物的本质只能靠直觉。依靠外在的灌输来获取关于事物本质的知识是不明智的，我们必须依靠自己的努力。

所以，一个人的智能，以及他的道德品格都来自自身本性的深度，而不是来自外在的影响。任何教育计划都不能把一个天生的愚人变成一个有理智的人。这是不可能的事！他生来是个愚人，死后也是个愚人。

正是这种对外部世界的早期直觉知识的深度和强度，解释了为什么童年的经验在我们的记忆里如此深刻。当我们还小的时候，我们完全沉浸在周围的环境中，没有任何东西可以分散我们的注意力。我们看待周围的物体，好像它们就是它们所属种类的全部，好像根本就没有其他东西存在。后来，当我们发现世界上到底有多少事物的时候，这种心态就消失了，我们的耐心也随之而去。我在其他地方讲过，把世界看作一个客体，换句话说，世界是客观地呈现在我们面前的，有其靓丽的一面；但是，若把世界看作一个主体，就其内在本质意愿而言，痛苦和烦恼占了上风。我用简单的一句话来说就是：世界看上去是光鲜的，但实际上是可怕的。

因此，我们发现，在童年时代，我们对世界的了解，是从其外在或客观的一面，即作为意愿的表象，相比从其内在本质的一面，即作为意愿本身，要多得多。客观的一面披着悦目的外衣，而其主观的一面则流传着惊悚的故事，还不被年轻人所知。随着少年心智的发展，他看到了所有形式的美，无论是自然之美还是艺术之美，那么多幸福的存在；它们是那么美丽，呈现在他眼前，让他觉得它们的内在肯定会更美。在他面前，世界就像另一个伊甸园。我们所有人都是在这世外桃源出生的。

一段时期之后，这种心态中产生了对现实生活的向往，一种想要经历体验的冲动，驱使着人到喧嚣的世界中闯荡。于是，他在世界中看到存在的另一面，即内在的、意愿的一面，而他每走一步都备受挫折。随之而来的便是痛苦的幻灭期，这一时期是慢慢形成的。人一旦进入这个时期，他就会告诉你他克服了所有的错误幻想。而这只是这一阶段的开始而已，它还会继续发展，逐渐地影响到人生的方方面面。

所以，可以说，孩童时期，人生就像剧场里的风景，而你是从远处观赏；而到老年，看的还是一样的风景，只不过你观赏的距离更近了。

最后，还有一种情况，也能说明为什么童年如此幸福。随着春天的降临，树木也吐出嫩芽，它们的颜色和形状几乎没有什么差别。在我们人生的早期，我们每个人都是相似的，和睦相处。但随着青春期的来临，人和人就开始分化了，每个人就像从圆心画出的不同方向的线，我们的距离越来越远。

青春时期，是前半生的尾巴，我们的前半生真是要比后半生好太多了！然而，青春时期的我们，也曾因追求幸福而陷入烦恼和痛苦之中，就好像我们期盼可以在人生的某处遇到幸福，但这种期望总是落空，让我们失望。我们眼前浮现的是一幅幅不甚清晰却无比幸福的美景，它们从我们的梦中诞生并加上了我们幻想的点缀。然而，在现实中我们怎么也无法实现。所以，一般年轻人都对自己的处境不满意。他把失望的原因归咎于出身，因为他所遇到的事情和预想的完全不同。而实际上，他现在才第一次体会到人生中处处可遇的空虚和悲哀。

如果一个年轻人可以接受早期教育，铲除那些不切实际的想法，比如说世界会给他很多馈赠，那么对他而言是一个巨大的优势。然而，教育通常加强了年轻人的这种幻想，因此，我们关于世界的第一印象往往基于虚构而不是事实。

在青春灿烂的岁月，我们对诗意的生活有着绚丽的憧憬，我们渴望看到愿望实现，而这种渴望实在是一种折磨，简直就像希望能抓住彩虹！青年人期望他的事业会像一个有趣的浪漫故事那样发展；而我所描述的那种失望的萌芽就在这种想法中埋下了种子。所有这些幻象的魅力就在于它们是幻象而不是真实的，在沉思这些幻象的时候，我们处于纯粹的知识领域，这个领域本身是自足的，远离生活的喧嚣和挣扎。试图实现这些幻想，就成了我们意愿的目标，这个过程总难逃痛苦。

如果说生命前半段的主要特征是对幸福永不满足的渴望，那么后半段的特征就是对不幸的恐惧。因为随着年岁的增长，人们或多或少地意识到，所有幸福在本质上都是假象，只有痛苦才是真实的。因此，在以后的岁月里，我们或者至少我们中间比较明智的人，更想消除生活中的痛苦，稳固自己的位置，而不是追求快乐。顺便说一句，我观察到，在年老时，我们更有能力预防不幸的到来，而在年轻时，更能承受不幸的降临。

年轻的时候，一听到门铃响了我就高兴。哇！我想，又有愉快的事儿上门了。但我年老之后，一听到门铃响我会感到更加惆怅而不是高兴，心想：老天救救我，又要我干什么呢？每个稍有才华或优势的人都会有这种知觉上的转变，也正是因此，说他们属于这个世界是不太恰当的，根据他们优越程度的不同，他们或多或少都是孤立的。在青年时期，他们就有被世界抛弃的感觉；再往后，他们就觉得是逃离了世界。被世界抛弃的感觉并不愉快，且懵懵懂懂；而逃离世界的感觉是愉快的，因为那时他们已经看透了世界的真相。

这样的后果是：与前半生相比，人的后半生就像一段音乐的后半段，少了有激情的渴望，多了安逸的感觉。为什么会这样呢？只因为在青年时期，一个人幻想着世界上充盈着幸福和快乐，只是很难得到；而当他老了以后，就知道事实并非如此。在追求幸福快乐这件事上，他已经心如止水，只会尽可能享受当下的时光，甚至在琐事中也能寻到快乐。

生活经验带给我们的主要是视野的清晰。这是一个人成熟的标志，世界呈现出与他的青年或少年时期不同的面貌。只有在那时，他才会看清事物，按照它们真正的样子来对待。而在早年，人看到的是一个幻影世界，是他幻想出来的，充斥着偏见和怪异的妄想。他看不到真实的世界，或者说看到的是扭曲的真实世界。经验要做的第一件事，就是把我们从大脑的幻影和那些在年轻时被灌输的错误观念中解放出来。

当然，最好的教育形式，可以从根本上防止这些观念进入我们的大脑，尽管这样的教育目标是消极的。这将是一项充满困难的任务。起初，必须尽可能地限制儿童的视野，然而，在这个有限的范围内，除了明确和正确的概念之外，不需要教给儿童其他任何东西。只有在儿童正确地理解了范围内的一切之后，这个范围才可能逐渐地扩大。要始终注意不要让孩子出现模棱两可、一知半解或者有错误的理解。这种教育结果是，儿童对人和事物的观念总是有限的、简单的。但是，另一方面，它们又是明确的、正确的，只需要扩大范围，而不需要纠正。这样的教育路线可以一直延续到青年时期。这种教育方法特别强调禁止阅读小说。小说的位置由合适的人物传记所取代，比如《富兰克林生平》，或者莫里茨的《安东·赖泽》。

在早期的日子里，我们幻想着生活中以后会发生的高光时刻，以及什么人会在里面扮演重要角色，他们会在鼓声和号角声中登场。但是，当我们在年老的时候，回过头来，会发现这些人都是悄悄来到，就像从侧门溜进来的一样，几乎没有人注意到。

从我们一直到现在的观点来看，生活可以比作一幅刺绣：前半生，一个人看到的是正面，而在后半生，看到的是反面。反面没有正面那么漂亮，但它更具有启发性，展现出线条纵横交错的组合方式。

智力上的优势，即使是最高级的，也要到四十岁以后，才能保证一个人在谈话中占据优势地位。因为虽然年龄和经验永远不能代替智力，但可以战胜它。一个智力平平的人，比起极其聪明的人，只要后者尚年轻，也是有较量的余地的。当然，我这里指的是个人能力的优越性，而不是指一个人通过作品获得的地位。

在过了四十岁的时候，任何一个稍有心力的人都不可能没有一丝厌世的情绪。因为他那时已经自然而然地从对自己性格的考察中推断出了别人的性格。结果，他逐渐失望地发现自己智力和心灵的品格都达到了别人没有达到的水平。所以，他很乐意避免与别人有更多的关系。一般来说，每个人对于独处要么喜欢，要么憎恶，其实也就是爱或者恨自己所在的社交圈，只是程度上不同，这和他对自己价值的认同有关。康德在他的《判断力批判》一书中对这种厌世行为有探讨。

一个年轻人，如果过早知道了世界的套路，并使自己适应俗世的追求，或一开始就知道如何和人打交道，在走向人生的伊始，就做好了充足准备，那么这些都是不好的迹象，不管是从智力还是从道德的角度来看。因为这预示着庸俗的天性。另外，对人们的行为方式感到惊奇和诧异，并在与他们的交往中表现出笨拙和莽撞，则显出高尚的性格。

年轻人的快乐和活力部分是由于这样一个事实：当我们正在攀登生命的山丘时，是看不见死亡的，死亡在另一端的山脚。而一旦我们越过山顶，死亡就出现在眼前，在此之前，我们只是听过关于它的传闻。这使我们精神萎靡，因为同时我们开始感到生命力也开始不断下降。现在严肃的态度取代了早年蓬勃肆意的精神；而这种变化甚至明显地反映在人的表情上。只要我们还年轻，人们就可以告诉我们他们喜欢什么！我们认为生命永无止境，并不计后果地消耗时间。但年纪越大，我们就越珍惜时间。因为在生命的最后，生活每过一天，我们都像罪犯在审判之路上多走一步。

从青年的角度看，生命似乎延伸向无尽的未来；从老年的角度看，回望过去，走过的不过是一小段路。所以，在开始的时候，生命呈现给我们的是一幅画面，在这幅画面中，物体似乎离我们很远，就像我们把望远镜倒过来看一样。而到了最后，一切都是那么近。如果知道生命是多么短暂，人一定已经老了，也就是说，他必须已经活了很久。

另一方面，随着岁月的增长，一切都看起来越来越小。生活在我们年轻的时候过得看起来那么慢，而现在似乎只是一个个极速掠过的时刻，每一刻都是那么虚幻。我们最终看到，世间万物，皆为虚妄！

年轻的时候我们总觉得时间过得很慢。因此，我们不仅觉得人生的前四分之一是最幸福的，而且也是最漫长的。关于这段时期的记忆也是最多的。若让一个人讲讲生命的故事，关于前四分之一生命历程的故事要比关于剩下两个阶段故事的总和还要多。在人生的春季，就如一年中的春天一样，日子真长啊，虽然让人懒倦却又积极；同时，不管是在人生还是一年的秋季，日子虽然短暂，却更亲切融洽。

但为什么对一个老人来说，他过去的生活显得如此短暂呢？原因是：他的记忆力很短，所以他想象中自己的生活也很短。他不再记得那些微不足道的事情，许多不愉快的事情现在也都忘了，那么剩下的记忆是多么少啊！一般来说，一个人的记忆和他的智力一样不完美，如果不想让学到的教训和经历的事件都逐渐沉入遗忘的鸿沟，人就必须进行反思。虽然现在我们不愿意去反思那些不重要的和不愉快的事儿，但要想记住它们的话，反思是非常有必要的。

那些归于小事的事情越来越多。一些事情开始看起来很重要，然而，因为它经常重复发生，也就显得不那么重要了。所以，到了最后我们都数不清这件事发生了多少次。这也是为什么我们能够更好地记住我们早年的事情，而不是晚年的事情。我们的寿命越长，可以称为重要或重要到值得再三考虑的事情就越少，仅凭这一点，它们就没办法留在我们的记忆里。换句话说，这些事一过就忘记了。就这样，白驹过隙，时光留下的痕迹总是越来越少。

此外，如果令人不快的事情发生在我们身上，通常情况下我们不屑于反思它们，尤其是当它们触及我们的虚荣心。因为我们对很多发生在我们身上的不幸也负有责任。因此，人们很容易忘记那些令人不快的事情，以及不重要的事情。

正是出于这两个原因，我们的记忆力才会如此短暂，而一个人一生中经历的事情越多，对发生过的事情的回忆就成比例地变短。很久以前发生的事情，就像海岸上的物体，对航海者来说，它们每分钟都会变得更小、更难以辨认、更难以区分。

有时候我们会回想起很久以前的事情，印象特别鲜活，就像是昨天刚刚发生的。因此，这件事仿佛和现在特别近。这是因为我们没有办法把这件事和到现在为止所有的事情都清晰地回忆起来，因为没有人有过目不忘的记忆，况且这期间发生的事很多都被忘记了。我们记得的只是自己从那段时间活到了现在，仅仅是一个抽象的概念，而不是对某些特定经历的回忆。正是这导致一些很久以前发生的事件让人感觉好像发生在昨天，中间的时间似乎都消失了，整个生命看起来短得不可思议。在年老的时候，偶尔会有一些时刻，我们几乎不能相信我们的年岁已经如此之大，我们已经度过如此漫长的时光，我们感觉不到任何真实的存在。这种感觉主要是由于这样一种情况，即当我们看着现在的时候，现在总是显得固定不变。类似的心理现象最终都要追溯到这样一个事实：我们的自身并不存在于时间中，而只是本性的外在表象，而作为主体世界和客体世界之间的接触点的正是后者。

同样，为什么在年轻的时候，我们看不到摆在前面岁月的尽头呢？因为我们不得不为在生活中希望做到的所有事情创造空间。我们把岁月塞得如此满满当当，试图把这些计划全部实现。即使我们能活到高寿，时间还是不够用的。

当我们年轻的时候，生命之所以显得如此漫长，还有一个原因是我们容易用已经活过的几年来衡量生命的长度。年轻的时候，所有的事情都是新的，都让我们觉得很重要。这些新奇的事情发生之后，会停留在我们脑海里，经常回想。因此，在青年时期，生活似乎被事情填满，所以感觉持续的时间比较长。

有时候，我们渴望去某个遥远的地方，而事实上，我们只是渴望再次回到我们在那里度过的时光。那些比现在更年轻、更新鲜的日子。当我们有这些渴望的时候，其实就是时间戴上了空间的面具在嘲笑我们。如果真的旅行到心中所想的远方，我们就会发现自己受到了多么大的欺骗。

要想活得长久有两种方法，两种都是稳定条件的组合。我们可以用煤油灯举例子，一盏煤油灯耗油少但可以燃烧很久，因为它的灯芯非常细；而另一盏煤油灯有同样长但很粗的灯芯，但它也能燃烧和前者一样长的时间，这主要是因为有足够的油。人的生命力就像灯油一样，而灯芯就象征着我们使用生命力的方式。

三十六岁之前，我们使用生命力的方式可以被比作是靠本金的利息来生活。今天把钱花掉了，明天还会再有。但三十六岁以后，我们就变得像开始使用本金的投资者。刚开始，他根本没有注意到这种变化，因为大部分开支是本金利息支付的。如果赤字很小，他根本就不会注意。但是，赤字与日俱增，等到他察觉，问题已经一天比一天严重。资金状况越来越不稳定，他感觉自己越来越穷，根本没想到自己的资源有一天会枯竭。他由富有到贫困的衰落越来越快，就像一个在空中坠落的固体。这样直到最后，变得一无所有。若该比喻中的两个条件，即人的生命力和财富，在同一时间开始下降，那他可真是处境悲惨。正是出于这种对悲剧的恐惧，人的年纪越大，就越喜爱获取财产。

另一方面，在生命之初，在我们成年之前的几年，以及之后的一段时间里，我们的生命力状态使我们每年不仅得到利息，而且还可以用利息增加本金。换句话说，除了固定的利息，本金也不断地增加。在一些诚实监护人的看护下，这样的幸福有时是可以实现的，对金钱和健康都是如此。青年多幸福，老年多悲哀啊！

不过，一个人即使在年轻的时候也应该节约自己的力量。亚里士多德观察到，在奥林匹亚的胜利者中，只有寥寥无几的人能在两个不同的时期获得奖杯，一次是在少年时期，另一次是在他们长大成人后。原因是年轻时过早的训练，使人的力量消耗殆尽，以致许多没能坚持到成年。肌肉是如此，神经能量也是如此，所有的智力成就都是其表现。因此，那些温室教育出来的神童，他们小时候的聪明才智让我们吃惊，后来却泯然众人。男孩们被迫早早地熟悉古语，也许可以解释为什么所谓知识渊博的人士会那么呆板和缺乏判断力。

我曾说过，几乎每个人的性格似乎都特别适合生命中的某个时期，因此，这个时期就是人生命中最好的时候。有些人是年轻的时候最迷人，之后就没什么吸引力了；一些人则是在成年之后龙腾虎跃，但随着年纪的增长，这些也烟消云散；也有许多人，老年是他们的最佳时期，那时他们性格会更加温和，看透了世界，生活云淡风轻。法国人往往是这样的。

这种特殊性必须归因于这样一个事实，即当事人的性格具有某种类似青年、成年或老年的特质，与某一人生时期相符的东西，也可能是出于对其某些特殊缺陷的纠正。

海员观察船只的进程，是通过观察海岸上的物体如何越来越小、逐渐消失在远处。同样的，当一个人感到比他年长的人看上去都比他年轻的时候，他才自觉年华已逝。

前面已经说过，一个人年龄越大，他所看到的、所做的、所经历的一切在他脑海中留下的痕迹就越少，这其中的原因已经解释过了。因此，在某种意义上可以说，一个人只有在年轻的时候才有充分的意识，而当他老了的时候，只是半死不活。随着岁月的推进，他对自己身边发生的事情越来越漠不关心，生活中的事情匆匆而过，没有给他留下任何印象，就像一件艺术品被看了一千遍，也没有留下任何印象一样。一个人只顾做他手头上的事，事后却也不记得自己到底有没有做过。

越来越接近意识的终点时，生命就变得越来越无意识，时间似乎也过得越来越快了。在儿童时期，所有的事情和生活环境都是新奇的，足以让我们全身心投入存在中。因此，在孩童时期，总感觉一天很长。在我们旅游的时候，也有同样的感觉。旅游一个月，感觉比在家里待四个月还长。不过，当我们年轻时或在旅途中，新奇感并不妨碍我们感受到时间的沉重，至少比我们年老或待在家里的时候要多一些。但是，由于长期习惯于这种印象，智力逐渐被消磨和钝化，以致我们对自己所经历的事物，越来越没有感知。而这使我们感到时间越来越不重要，越来越短，孩童时期的时光就仿佛比老年时期长。相应地，我们活得越久，就感觉时间过得越快，就像一个球从山上滚下来一样。你离起点越远，时间对你来说就过得越快。因此，就我们心灵对时间的直接感觉而言，一年的长度与我们的年龄成反比，五岁度过一年的感觉，和五十岁度过十年是一样的。

这种时间移动的速度变化，对我们存在的每一个时期的本质，都有决定性的影响。首先，这让我们感到童年时期似乎是人生中最长的一段时光，因而也充满最多的回忆。其次的影响是一个人越年轻，就越容易感到无聊。例如，考虑到孩子们表现出来的，无论是工作还是玩耍，都需要一直有事可做。如果他们的工作和玩耍都结束了，难受的无聊感就会随之而来。即使在青年时期，人们也难免有这种倾向，他们害怕无所事事。而随着成年的到来，无聊的感觉就消失了。老人则发现时间太短，日子就像弓上的箭一样稍纵即逝。当然，要明白我说的是对人而言，而不是牲畜。随着时间的推移，无聊大多会随着我们的人生前进而消失。由于激情与所有伴随的痛苦都已沉睡，总的来说，晚年生活的负担比青年时期要轻得多，当然，前提是身体健康。所以，年老体衰、烦恼倍增的阶段到来之前的时间，堪称一个人最好的时光。

鉴于这些时光带来的舒适感觉，这么说也许没错。尽管如此，青年时期我们的意识是活泼的，对各种事物的印象都是开放的，种子在此时被播下，并开始发芽，青春时期有这样的特权，是心灵的春天。那时的我们可以感知深奥的真理，但不能创造——也就是说，它们的第一认识是直接的，由瞬间的印象召唤出来。这种认识只有在印象强烈、生动和深刻的时候才能获得。如果我们要了解深奥的真理，那都取决于对我们对早期岁月的正确利用。在以后的生活中，我们也许能对人和世界产生影响，因为我们的本性已经成熟，不再受新观点的影响；但到那时，世界对我们的影响就小了。这是行动和成就的时期，而青年时期是形成基本概念、奠定思想基础的时期。

在青年时期，最吸引我们的是事物的表象；而到了老年，我们就更喜欢把时间花在思考上。所以，有句话说得好，年轻是诗的年纪，而年老则是哲学的年纪。在实际事务中也如此：一个人在年轻时更多的是通过外在世界给他留下的印象做出决定；而年老时，决定其行动的是思想。这在一定程度上可以用以下事实来解释：只有当一个人年老时，才会经历足够多的事情，看过足够多的表象，从而可以根据其所代表的观念对它们进行分类。这一过程反过来又会使他们更充分地理解这些观念，确定它们的价值，以及可给予的信赖度。而与此同时，他已经习惯于各种生活现象所产生的印象，这些对他的影响已不同往日。相反，在青年时期，事物给人的印象，也就是生活的表象，是如此的强烈，特别是对于性格活泼、想象力丰富的人，以致他们把世界看作一幅画，他们主要关心的就是自己在其中呈现的样子。其实，他们自己也不知道什么程度才是合适的。这其实是一种精神品质，若没有其他方式，就表现在个人虚荣心和对精美衣服的喜爱上，这就是年轻人的特点。

毫无疑问，在青年时期，最迟在三十五岁之前，智力最能承受巨大的、持续的消耗；这一时期过后，智力就开始下降，虽然非常缓慢。不过，在生命的晚年时期，也并非没有智力上的补偿。只有在那时，一个人才可以说真正具有丰富的经验或学识，那时他有足够的时间和机会从生活的各个方面去观察和思考，他已经能够把一件事与另一件事进行比较，发现其联系点和连接环节，所以只有在那时才能够确切地理解事物的真正关系。此外，到了老年，年轻时获得的知识在深度上也增加了，老年人有更多例子来佐证他的想法。他年轻时认为自己知道的事情，现在已经有了现实佐证。另外，他的知识范围更广，在各个方面都有长足的延伸，形成了一套相互关联、相互统一的知识体系；而在年轻时，知识总是片面的、零碎的。

只有老年人才能领悟到完整且充分的生命概念，因为只有老年人才能看到生命的全部，明白生命的历程。最重要的是，只有老年人才能看破生死，不像其他人那样只知生，不知死。因此，只有老年人能充分认识到人生的虚无。而其他人只会秉承错误观念，认为一切最终都会好起来，埋头苦干。

另一方面，青年人的认知能力更强，处在青年时期的人虽然所知甚少，却也能收获很多。而年老时，判断力、洞察力及思虑的周全占主导地位。青年时期是积累知识以认识世界的时候，这种认识应该是与众不同的、独特的，换句话说，是一个天才留给其同胞的遗产；然而，只有在晚年时期，他才能够游刃有余地使用这些素材。因此，我们会发现，这几乎是一条不成文的规定：一个伟大的作家，五十岁左右才向世界献出他最好的作品。虽然知识之树必须先长成才能结果，其根却埋在青年时期。

每一代人，不管自己资质如何，都认为自己比上一代人聪明得多，更不用说相比那些年代更久远的人了。这就像是一个人觉得自己年岁越大就一定比之前更睿智，然而，这个想法显然是错误的。在身体成长的岁月里，当精神力量和知识储备日益增加，我们就习惯以蔑视的眼光看待昔日。这个习惯根深蒂固，甚至在智力和知识能力衰退之后依然如此——而如今的人应该仰望昨天才是。因此，我们常常不适当地贬低我们青年时期的成就及判断力。在这里似乎应该提出一个普遍的观察：虽然一个人的智力或头脑，以及他的性格或心灵的主要品质是与生俱来的，但前者绝不像后者那样不可改变。事实上,智力会发生很多变化,一般来说，这些变化迟早都会出现。原因有两个，一是智力有很深的生理基础，二是智力要处理的材料来源于经验。因此，从生理的角度看，我们发现，如果一个人有特殊的力量，一开始这股力量会逐渐增加，直到顶点，此后，就会进入一条缓慢衰退的道路，最后以痴愚告终。但是，另一方面，我们也不能忽视这样一个事实，即可供我们思维能力利用且保持我们理智积极运转的材料，会日积月累、越来越丰富。这样的材料包括深邃的思想知识、经验、学识，以及求真知的探索和准确的思维洞见。直到有一天人们的生命力终于走到了下坡，那时人的理智也就像灭灯一样，突然停止运转了。这两种因素虽构成同样的特征，但过程却大不一样，一种过程是绝对不可改变的，另一种过程则因有两个对立面的存在，极易发生改变，这也就解释了为什么一个人在人生的不同时期，会有不同的精神态度和价值观念。

还有一种更笼统的说法：我们可以将生命的前四十年比作在撰写一本书的正文，而其余的三十年则是在进行评注。若没有评注，我们就无法正确理解正文的含义和语境，更不要说理解其中所包含的教义和微妙引申了。

临近生命的终结，就像假面舞会的终场，所有人都摘掉了面具。这样，你就可以看清人生路途中遇到的人究竟是什么样的。因为到生命的终结时，他们的真面目就会显露出来，他的所作所为已结出果实，成就已经得到正确的评判，所有的假象都已经破灭。要做到这一点，时间是不可或缺的要素。

但最奇怪的事实是：也只有在生命的最后一刻，人才会真正认识和了解真实的自我——生活中所遵循的目标和宗旨，特别是与他人及这个世界建立的关系。由于这个知识，人们临死时总觉得自己没有之前想的那么好。但也有例外，偶尔也会有人觉得自己实际上比想的更好。这是因为他以前对世界的卑鄙没有足够的认识，为自己设定的目标要比一般人所遵循的更高。

生命的前行，让人看清自己的构成。

通常来说，人们把青年称为人生的幸福时期，而把老年称为人生的悲哀时期。如果激情使人快乐的话，那这句话没错。青年被激情所左右，实际上得到的痛苦大于欢乐。到了暮年，激情冷却，人便可以休养生息，深思熟虑；此时，智力获得了自由，占据了上风。而且，既然智力本身超越了痛苦的范畴，若一个人很理性，那么他就会感到幸福。

只需记得，所有的欢乐都是被动的，而所有痛苦的本质都是主动的。这样我们就能看清激情永远不会是幸福的来源，而老年即使会失去许多欢乐，也还是值得欣羡的。因为所有欢乐都不过是需求或渴望的“镇静剂”。需求消失之后，欢乐也就随之完结，就像一个人吃过晚饭后就不能再吃，或一夜好眠后不能再次入睡一样。

因此，青年是生命中最幸福的时期，柏拉图在《理想国》的开篇就道出了更多真理：晚年更值得夸赞，因为到那时一个人终于从一直使他不安的兽性激情中解脱出来。甚至可以说，林林总总的心境都来自这种激情，以及从激情中涌现出来的情绪。它也会让人处在一种轻微疯癫的状态，只要他还受冲动的影响，就无法摆脱这个“邪灵”——这种状态就会持续下去。因此，激情熄灭之后，他才能真正成为一个理性的人。

毫无疑问，一般情况下，除了个别情况和特定的性情外，青年多少有些忧郁和悲伤，而老年人却普遍亲切温和。造成这种情况的原因是年轻人仍然受到“邪灵”的支配，没有片刻属于自己的时间。可以说，所有威胁人类的灾祸都可以直接或间接地追溯到这个源头上。而老人是善良和愉快的，因为他们终于从激情的束缚下挣脱，获得自由。

但是，不应忘记的是，当激情消退，生命也就只剩下一具空壳，或者从另一个角度来看，生活就像一部喜剧，刚开始是真人出演，到最后演员就都变成了穿着戏服的机器人。

但不管怎么说，青年是不平静的时期，而老年是安逸的时期。从这种情况可以推断出人在每个阶段的相对快乐程度。小孩子完全被这个世界迷住了，伸出自己的小手，急切地想抓住所有见到的美丽的事物，因为他的所有感官还那么敏锐、见到什么都觉得那么新鲜。这种状态保持到了青年时期，青年人在追梦的过程中更有活力。他也一样对周遭的美丽事物和愉悦景象着迷，幻想着在这个世界永远也不能得到的快乐。所以，虽然青年人心中充满炙热的渴望，其实却不知道什么才是真正的快乐，即使不眠不休，也得不到幸福。但暮年时，一切都已结束，随着热血平静，他的感官变得不再那么容易被诱惑，而且随着经验的增加，人们也慢慢看透了事物的真正价值，以及欢乐的徒劳无用，因此，幻觉逐渐消散，再没有那些奇思妙想和种种偏见，曾被遮蔽和扭曲的世界也展露出真面目。其结果是，他现在可以更公正、更清晰地看待事物，看到事物的本来面目，并且在某种程度上也多少对这个地球上一切的虚无性有了更深的洞察。

正是这一点，让每一个老人都具有某种智慧，并将其与年轻人区别开来，无论他们的才智多么平庸。这些变化的主要结果，就是随之而来的平和心态，而这正是幸福的重要因素，事实上，也是幸福的必要条件和本质。年轻人幻想着这个世界充满着美好之物，只等他们去获得；而老年人则对《传道书》的训诫深信不疑：一切都是虚空。他们知道，不管外壳多么光鲜，它们的内在都是空洞的。

在一个人的后半生而非前半生，人才会开始真正明白霍拉斯的格言：一切都不足心动。他确定无疑地坚信所有事物都是虚空，所有的荣耀都不值一文：他已经摆脱了所有幻想。以前他相信，任何地方都存在着特定的幸福，在宫殿或是在村舍中；而现在他再也没有这样的想法，而是觉得所谓幸福就是自己身心没有苦痛时的感觉，如此而已。世俗对于伟大、渺小、高等、低下的区分对他而言已不复存在。在这种幸福的心境中，这个老人可以微笑俯视一切错误的观念。他再也不会被蒙蔽，他知道，无论怎样装饰生活，把它打扮得多漂亮，所有的光鲜亮丽都还是不足以掩饰它琐碎卑微的本质;而且，人们尽管可以装饰打扮，穿金戴银，但它还是没什么变化。人类生活的真正价值，只在于免受痛苦的侵扰,而这价值永远不能用欢乐来衡量,外表的展示就更不用说了。

幻灭是老年的主要特征。因为那时，赋予生活魅力并激发了人们生活兴趣的错觉已经消失，对老年人而言，世界的辉煌不过是虚无、空洞的，它的富丽堂皇、壮丽雄伟也都已褪色。人们会发现，他梦寐以求的大部分东西，要享受的很多欢乐，其实都微不足道。因此，他渐渐明白人的存在是空虚的。

人们常说，疾病和厌倦生活是老年人的共同命运。但其实，老年人绝不是必然要得病，尤其现在人确实可以活到非常大的岁数。尽管随着年岁的增长，健康上出状况的可能性确实会提升。至于厌倦或无聊，我在上文已经说明了老年人比年轻人更少受这些烦恼的困扰。无聊也不一定是与寂寞相伴而生，无须解释，老人当然无法逃避孤独。但感到无聊的，是那些除了感官享乐与社交愉悦之外没有其他任何快乐来源的人——他们的头脑尚未开悟，官能也没有开发使用。的确，随着年纪的增加，人的智能会下降，但是即使如此，只要原先智力尚可，对抗无聊还是足够的。再说，正如之前所说，经验、知识、反思和社交技巧，都使老人对世界的运行方式有更准确的洞察。他的判断力变得更加敏锐，对生活有系统的看法，精神视野也变得更加广泛。他会不断为知识储备找到新的用途，并且一有机会就对其扩充，不间断地保持着自我教育的内在过程，让心灵得到施展和满足，所有努力都有应当的回报。这些都可以在某种程度上弥补智力的下降。而且，正如我所说，随着人年岁的增加，时间似乎过得也更快，这本身就是一种对厌倦感的预防。人的体力会随着年龄的增长而下降，这并无大碍，除非他确实需要靠体力活儿谋生。若一个人老去时穷困潦倒,那便是最大的不幸。若他有一定的积蓄,身体健康,那么老年于他可能是一段美好时光。老年时期的主要需求是舒适和富裕，因此，金钱比以往任何时候都珍贵，它可以弥补体力的衰退。老人被爱与美之神维纳斯抛弃，就转向酒神巴克科斯来获得欢愉。过去他想要观光、旅行和学习,现在想要发言和教授他人。如果老人还保留着对学习、音乐或戏剧的爱好，那便是一件很幸运的事，一般来说，这代表他对周围的事物还有些感知力。到了人生的这一阶段，一个人自身拥有的优势，才显得格外重要。

毋庸置疑，大多数人一辈子都是愚钝蠢笨的，随着年龄的增长，越来越木讷。他们想的、说的、做的总是和邻居一样，不管发生什么都不能改变他们的性情，也不能让他们的行为有所变化。

和这种老人说话就像在沙子上写字，即使他对你产生了印象，也会立刻忘记，这样的老人只剩下生命的残骸，作为一个人必不可少的要素几乎已经消失。有一些案例中，神奇的大自然让老人长出了第三副牙齿，显然是在说明这个阶段也是人生的第二次童年。

随着年龄的增长，一个人所有的能力都趋向于衰弱，而且衰弱的速度越来越快，这当然是令人伤感的；但这是必要的，甚至是一种有益的安排，因为这是对死亡的准备，否则死亡的来临会让人难以忍受。当人极度衰老时，对他最大的恩惠就是安乐死——这是一种轻松的死亡方式，没有疾病的困扰，也没有任何痛苦和挣扎。不管一个人活多久，他能意识到的都只是唯一且不可分割的“当下”，而在晚年的岁月里，人每天忘记的东西要比新获得的多得多。

年轻和老年的主要区别永远是：年轻时期待着生命，而老年时等待死亡。年轻时，一个人的过去很短，未来很长，而老年人的情况正好相反。确实，当一个人老去，等待他的唯有死亡；而如果他还年轻，他可能会对活着有所期待。问题是这两种命运哪一种风险更大？如果从生命的整体出发，选择一种状态，难道老年时期不是比青年时期更好吗？想要长寿是轻率不成熟的。正如一句西班牙谚语所言：活得久，就要多受罪。

一个人的职业生涯，并不能按占星学所说，由观察行星预测出来。但就人类生命的历程、就它的各个时期而言，可以用行星的交替来做比喻。所以，可以说我们的人生轮流受到各个行星的影响。

十岁的时候，水星（信使之神）占据主导。在这个年龄的人，就像这颗行星一样，活泼好动却局限于狭小的空间，一点小事就对他有很大影响。但在灵巧有加、雄辩有术的水星之神的指引下，小朋友很容易取得长足的进步。二十岁的人被金星（爱神）接管，男人完全折服于对女人的爱恋。三十岁时，火星（战神）占据主导位置，让人精力充沛，力大无穷——人就变得大胆、彪悍、傲慢。当到了四十岁时，人就来到四个小行星的影响之下，这也就意味着，人的生命范围获得了某种延伸。在谷神星的影响下，人变得节俭，偏爱实用的东西；在灶神星的影响下，人有了自己的家，烧火做饭；智神星教会了他必要的知识；而他的妻子——婚神星——就是家里的女主人。在五十岁的时候，一个人受到木星的影响最大。在那个时期，同时代的很多人已经去世，他会有优越感。他仍然精力充沛，同时拥有丰富的经验和知识。如果他有一些地位和权力，对周围的人就会有一些权威。他不再倾向于接受别人的命令，而更想自己发号施令。现在最适合他的工作，是在自己的领域内对别人进行领导和管理。这是木星的影响达到顶峰的时刻，而五十岁的人正处在人生巅峰。大约六十岁的时候，土星到来，像铅一样沉重、笨拙而行动缓慢：

但是，老人们，很多人就像已经死去；
笨重、缓慢、沉重、苍白如铅。

最后登场的则是天王星。如俗话所说，一个人该上天堂了。

我不知道海王星应该对应怎样的位置，因为这颗行星的命名非常草率。我可能不会用它本来的名字来称呼——小爱神厄洛斯。否则，我就要指出起点和终点是如何相连，以及小爱神与死神是如何紧密而又亲密地联系在一起：为什么死神（埃及人称其为阿门提斯）不仅是万物的接受者，还是万物的给予者。死神是生命的大水库。万物都来自“冥府”，现在活着的一切都曾经在那里。如果我们能够理解这其中的伟大奥秘，一切都会变得清晰起来！

第三部分

论人性

第一章　人性

物理秩序的真理有许多外在意义，却无丝毫内在意义。人类的智力与道德是所有内在意义的来源，因为这两者是最高阶层意愿的客观表现，而物理世界是最底层意愿的客观化。

例如，如果能将人类迄今为止的某个猜测证实为真理，比如太阳的活动导致赤道产生热电，热电产生地磁，地磁进而产生北极光。那么这将有极大的外在意义，而其内在意义却微乎其微。另一方面，为内在意义提供源源不断例证的是那些伟大而真实的哲学体系、悲怆而壮美的灾难悲剧，甚至是人类的道德与无道、善与恶本性的极端表现。世界是“现实”的外在形式，而上述这些都是这种“现实”的表现，是其客观化的最高阶段，揭示它最内在的本质。

认为世界只有物理意义而没有道德意义的想法是最严重、最致命的错误，是根深蒂固的误区，是精神和脾性上的刚愎自用。虽然世界上有各种不同的宗教，有些甚至在系统上相悖，都寻求通过各种隐秘手段来稳固自身，但他们都会出现上述的根本性错误，除非出现来自公众的愤慨对其进行遏制，否则这样的错误就会一次次死灰复燃。

然而，无论我们多么确信生命和世界的道德意义，想要解释和阐明它，解决这种意义与现实世界之间的矛盾，都是一项艰巨的任务。这项任务如此艰难，以致我可能需要揭示出最真实、最天然、最全面的道德基础及它造成的结果。它无处不在、无时不在。诸多关于道德的事实证据都站在我这一边，因此，我根本不必担心我的理论会被人所替代或是颠覆。

但是，只要我的道德体系在学术圈子中遭人忽视，在大学里盛行的就还是康德的道德准则。当下，在康德道德原理的多种形式中,最受欢迎的当数他主张的“人的尊严”。我在《论道德的基础》一文中已经揭示了这一学说的荒谬之处。因此，在这里我只想说，如果有人想问所谓人的尊严的理论根据是什么，答案显而易见：人的尊严是以道德为基础的。换句话说，人的道德建立在尊严之上，而人的尊严又建立在道德之上。

暂且不谈这是不是一种循环论证，在我看来，有关尊严的概念只适用于讽刺，讽刺那些意愿极其罪恶、智力极其浅薄、肉体极其脆弱易折的存在，比如人类。人有什么值得骄傲的呢？他们的孕育是一份罪孽，出生是一场刑罚，生活是一程苦行，死亡又是最终宿命！

因此，与上文中康德的道德准则相反，我的主张如下：其一，当你与他人交往时，不论对方是什么身份，不要根据他的价值和尊严得出任何客观评价；其二，不要被对方的不怀好意、心胸狭隘和刚愎自用所影响。因为前者容易让你心生恨意，后者则会让你目空一切、鄙视他人。你应该只关注对方的苦难、需求、焦虑和痛苦所在。这样才能时刻与他保持亲近，形成对他的同理心，而非恨意或鄙夷。放下恨意和鄙夷的不二法门就是把对方当作怜悯的对象，而非出于所谓的“尊严”。

由于对道德问题和形而上学有着更深刻的见解，佛教徒的思想起源于人性的原罪而非人性本善，因为善行之所以为善，是因为有恶作为对立面和参照物。

我们发现柏拉图反复论述的“公平、英勇、节制、智慧”，既没有清楚的根据，也没有主导思想，而是建立在肤浅的，甚至部分明显错误的基础之上。美德必须具有意愿的特性，而“智慧”主要是智力的产物。西塞罗将柏拉图的“Sophrosynae”（希腊语）翻译为“Temperantia（节制）”，这是一个意义模棱两可的词，因此，可以有各种用法：可以意指谨慎，或者节欲，也可以指保持镇定。而“勇敢”根本算不上一种美德，虽然在某些情况下勉强算作美德的辅助或实现工具，但它也随时可能成为滔天罪恶的帮凶。所以“英勇”在本质上是一种脾性，而非美德。就连高林克斯也在《伦理学》的序言中批判了柏拉图的美德观点，他认为的美德应这样排列：勤勉、忠顺、正义、谦逊；虽然这明显也不太好。中国人则认为人有五种基本美德：仁、义、礼、智、信。基督教从神学意义而非本质角度给出的美德是：信仰、爱和希望。

一个人对他人产生的基本判断，要么是嫉妒，要么是同情。这种差别正是人类道德的善与恶出现分岔的开始。这两种截然相反的态度存在于每个人身上，因为人会本能地将自己的命运与他人进行对比。对比的结果会影响他的个人性格，同时，嫉妒或同情，或者善或恶的二者之一便成为其一切行为的根源和准则。嫉妒会将“你”与“我”之间的墙铸得更厚、更坚实；而同情则会把它变得薄而透明，有时甚至会将其直接打破，到那时，自我与非我之间的差别就会彻底消失。

有必要认真分析一下柏拉图认为是美德之一的“英勇”，或者说它所依赖的基础——“勇气”（英勇只是特指战争中的勇气）。古人认为，勇气是一种美德，懦弱是一种罪恶；但基督教体系却没有把勇气列作美德之一，取而代之的是仁爱与忍耐，并且基督教教义反对仇恨与抗争。久而久之，现代人也不认为勇气是一种美德。尽管如此，必须承认，胆怯懦弱与任何高贵的品质都格格不入，哪怕仅仅是因为对自己没有信心而产生的怯懦。

不论怎么说，勇气这种品质至少可以解释为临危不乱，以避免未来的更大祸患；而胆怯只能起相反的作用。这种临危不乱与耐心属于同类品质，因为耐心的人能清醒地意识到未来可能包含的灾祸更胜眼前，如果唐突地采取躲避或对抗行为，结果只会带来更多祸患。因此，勇气可以算作耐性的一种。因为耐性让我们保持容忍与自我控制，借助耐性这一媒介，勇气至少与美德拉近了不少距离。

但也许我们应该从更高的层面来看待勇气。对死亡的恐惧可以归因于自然哲学的普遍缺失，因为自然哲学全依赖于人的感觉，这让人确信自己的外在存在与内在存在没什么不同，于是死亡对于他来说是不足为患的。正是这种想法给人以英雄般的勇气，谈到这里，读者可能会想到我在《伦理学》中说过的一句话：勇气与正义和人性是同根同源的。我承认，这是从更高的层面来看问题。但若抛弃这一思想，我就不能很好地解释为什么懦弱是可悲的，而勇气却是一种高贵而令人崇敬的东西。因为从低层次的视角我们无法看出，为什么一个有限的生命要为某个追求而不惜一切代价，甚至是自己的生命；而生命对于他来说就是一切，是赖以生存的最基本的条件。因此，认为勇气只是由利益所驱，只具备经验性而没有先验性，这种解释是站不住脚的。或许是出于同样的原因，卡尔德隆曾经以怀疑的态度发表过关于勇气的精彩言论，实际上，他否定了勇气的真实性，通过一位睿智的老臣对年轻君王的进言道出："尽管人人都会害怕，但勇敢的人能够不动声色地将其隐藏起来，这便成其为勇气。"

关于我所提及的古人和现代人之间就勇气是否可以作为一种美德所产生的分歧，我们必须牢记：古人眼中的美德，是指值得受到赞扬的优点或品质，既可以是道德层面的，也可以是智力层面的，甚至可以是身体素质方面的。但是，当基督教证明了生命的本质追求是道德层面的之后，美德的概念就开始以道德为唯一考量。同时，一些早期的习惯用法仅在年长的拉丁语学者和意大利作家笔下能见到，如众所周知的"大师（virtuoso）"一词就是很好的例证。学者们应该高度关注古人对于这一美德宽泛的概念，这很容易造成隐蔽的困惑。我在这里引用斯托拜乌的两种说法，或许有利于解答：第一种显然源于毕达哥拉斯学派的哲学家麦多波，他宣称只要人身体的每个部位是健康的，就是一种美德。第二种是对于一个鞋匠来说，他的美德就是制作出好鞋子。这两条例证也有助于阐明为什么在古代道德体系中都提到了美德和罪恶，而我们的却只字未提。正如我们怀疑勇气是否应该算作美德之一一样，贪婪能否算作一项罪恶也同样值得探究。但无论如何，不要把它和贪心混为一谈，贪婪是拉丁词"avaritia"最直接的意思。那么，下面让我们研究一下有关贪婪的正反观点，以便让每个人自己做出最后的判断。

一方面，有人认为贪婪不是一种罪恶，作为它的对立面，奢靡才是一种罪恶。奢靡源于当下的野蛮限制，与之相比，仅仅存在于观念层面的未来不值一提。因为它基于一种幻想，认为感官的享乐具有积极、真实的价值。因此，肆意挥霍者追求空虚的、稍纵即逝的而又虚无缥缈的享乐，未来的需求和痛苦就是代价。这些人或许会为了弥补空虚，把自己愚蠢的自负建立在那些趋炎附势的人身上，而这些"寄生虫"看似卑躬屈膝，实则在背地里不停地嘲笑他们，或者为愚民的注视和欣羡而沾沾自喜。由此可见，我们应该像躲瘟疫一样躲避这些挥霍无度的家伙，一旦发现他们的劣行就要立刻与其一刀两断，以便日后当他穷奢极欲的生活遭到报应时，我们不必为他们分担这些恶果。

同时，也不要奢望这样愚蠢地挥金如土的家伙会给他人留下任何完好无损的财产。倘若真有人碰巧把财产嘱托给他，恰如塞勒斯特所写的“浪费自己的，贪慕他人的”，那么奢侈不仅会造成贫困，还会导致犯罪。富人阶级之中的犯罪几乎都是穷奢极欲的后果。

贪婪带来的是过剩，但又有谁不喜欢过剩呢？贪婪真是一种“好的”罪行,因为它带来的是“好的”结果。形成贪婪的原则是：所有享乐的作用都是被动的，由此而形成的欢乐是畸形的。相反，唯有痛苦才是主动而极其真实的。因此，那些贪婪的人放弃欢乐是为了更好地保护自己免遭痛苦，于是，忍耐与克制便成为他们的准则。

而且，因为他们知道自己可能将面临无穷无尽的不幸，以及不计其数的危险道路，所以他们会使出浑身解数躲避，恨不能在自己身边筑起三重厚厚的防护墙。那么，谁又能说这样的防护在哪里是过于夸张了呢？那些知晓命运险恶的人，往往都已走到生命尽头。况且，即使采取的防范措施过甚，其错误最多只会伤害到自身，而不会伤害别人。如果这个人一辈子都没有用到他处心积虑攒下的财富，总有一天，这些财富会造福他人——那些本性不那么小心翼翼的人。在那之前，它将这些钱从流通中分隔出来存着，也并不是一件坏事，因为钱不是消费品：它只代表一个人可能拥有的财富，其自身并无真正的价值。货币不过是计量物，其作用就是代表价值，而且其代表的价值本身是不能从流通中分割的。进一步讲，当一定量的钱被隔开后，流通中剩余货币的价值便恰好以同样的量升值。尽管如此，许多守财奴一生钟爱的是金钱本身，另一方面，同样可以肯定的是，挥金如土的人也是毫无理由地挥霍浪费。与“守财奴”交友不但无害，反而有益，因为这带来的好处巨大。因为在“守财奴”死后，那些与他最亲近的人将获得他生前克己积攒下来的财富。即使在“守财奴”活着的时候，也可在急需帮助的情况下向他求助。无论如何，相比肆意挥霍者，人们总能从“守财奴”身上获得更多，因为肆意挥霍者一无所有，自身难保，还债台高筑。西班牙有句谚语说：“铁公鸡总比穷光蛋更大方。”综上所述，贪婪并不算是一种罪恶。

然而，从另外一个角度，贪婪也是万恶之源。当物欲将人引上歧途，他身上兽性的那部分的感官本能是作祟的根源所在。他被诱惑冲昏头脑，被一时的快感所征服，不考虑后果就采取行动。另一方面，由于年龄的增长和身体的衰弱，他将越来越离不开那罪恶，最终反被罪恶抛弃，获取感官愉悦的能力随之衰竭。如果他向贪婪靠拢，理智上的欲望会战胜感官上的欲望。金钱本来是世界上一切抽象美好事物的象征，也正是这些抽象的美好，变成了为感官之欲过度生长的枯枝，成为利己主义的象征。对金钱的热爱又让它们复活了。转瞬即逝的感官快感已经变成了一种深思熟虑的、精心设计的对金钱的欲望，它和它所指向的目标一样，本质上是象征性的、不可摧毁的。

这种对世间享乐的迷恋甚至比享乐本身更长久。这是一种无可救药的罪过，一种对感官享乐微妙的、升华的奢望，是所有欲望的抽象集合，代表着特殊个体所追求的普遍想法。因此，贪婪是年长者的罪恶，正如挥霍是年轻人的罪恶一样。

经过这两种对贪婪的赞成和反对的辩论，很可能会让我们倾向于接受亚里士多德关于合法背景道德性的解释。下面的讨论也支持这一结论。

人的每一项美德都与其对立的缺陷紧紧相连，反之亦然。因此，我们经常会对一个人判断错误，这是因为我们在刚认识他的时候，会把他呈现出的缺点和优点混为一谈，不能分清。我们会把一个谨慎的人看作懦夫；把精打细算的人看作“守财奴”；把挥霍无度当作慷慨大方；把粗鲁无礼当作直率真诚；把有勇无谋看作自信满满……诸如此类的例子不计其数。

* * *

生活在群体中的每个人都会周而复始地面临这样一个极具诱惑性的想法：道德的低下与智力上的无能密不可分，甚至同根同源。但事实并非如此。对此，我已经做过详述。我们会产生这样的想法，其实仅仅是因为二者总是同时出现，这种情况发生得太过频繁，因此，二者看起来总是处于“同一屋檐下”。

同时，不可否认的是，道德的低劣与智力的低下彼此之间相互利用、沆瀣一气，从而达到同一目的。在太多人身上都是如此，以致世风日下。一个愚者往往会表现出背信弃义、阴险狡诈的恶毒嘴脸；而聪明人知道怎么将这些隐藏起来。那么，从另一方面讲，愚者之心时常阻止人们看到真相，而他们其实是足够聪明去抓住真相的！

然而，没有人应当自夸。因为就算最聪明的人也在某一领域存在知识的局限，因此可以说，他们与普天下的芸芸众生有着共同的起源，在本性中都潜藏着邪恶。即使是最优秀、最高尚的品格，有时也会展现出一些孤立堕落的表现，使我们大跌眼镜，就好像是在承认自己与那些邪恶甚至残忍的人并无二致。其实，正是由于人身上的这种邪恶，他才成为一个真正的人。同样的道理，明镜中照出的世界，才是它本来的样子。

尽管我们心里明白人与人之间千差万别，但许多人在看到他人的真面目时还是会感到毛骨悚然。有些伤风败俗的“恶魔”，不仅为其信徒扫清障碍，还将世间随处可见的虚假、诡诈、伪善、欺骗的面纱全部揭开，以表明世界上真正的诚实寥寥无几。又有多少次，在让人最意想不到的地方，我们看到在所谓美德的外表背后，内心深处的邪恶在暗中作祟！正因为如此，那么多好人都宁愿与四条腿的动物做伴。说实话，狗是诚实的，如果我们连它们都看不到了，该怎样才能从人类无尽的伪装、虚伪和恶意中暂时解脱呢？

我们所处的文明世界不就如同一场盛大的化装舞会吗？你会遇到骑士、牧师、士兵、学者、律师、哲学家，但你一个都不认识！这些身份都是装扮出来的，他们都只是戴着面具而已，在面具背后，你会发现一副副丑陋的商人嘴脸。我想，其中有一些人戴上了法律的面具，假扮成律师，目的是狠狠地敲别人一记竹杠；

有一些人出于同样的目的戴上了爱国主义和公共福利的面具；还有人假装自己信仰宗教。为了林林总总的目的，有的人也常常戴上哲学甚至慈善的面具。女人的选择面要小一些。通常来讲，女人比较喜欢道德、端庄、顾家和谦逊的面具。剩下的是一些司空见惯的面具，没有什么特殊性，就像大同小异的多米诺骨牌。这样的人随处可见，他们到处宣扬严格的正直、礼貌、真挚的同情和温暖的友谊。但就像我所说的，这些都只是为了行业、买卖或是投机所做的伪装。如此说来，只有商人才算得上最诚实的阶层。世上唯有他们展示出了自己真正的模样，行走于世，不戴任何虚假的面具，却因此被看作社会最卑微的阶层。

一个人应该尽早看清生活真正的面目，即生活不过是一场化装舞会，自己也身处其中。否则，他将不能理解又不能容忍遇到的种种，为此，他将百思不得其解。正所谓“巨人的心脏也只不过是用稍好一点的黏土做成的”。你会看到这样丑恶的景象，具有才华的人，即使有的是最稀有、最伟大的才华，也要被同行极尽刁难。真理和才能总是遭人嫉恨，学者在故乡被无视，货真价实的商品总是遭人鄙视，华而不实之物却遭人哄抢。因此，应当及早教导年轻人，在这场“化装舞会”中，苹果是用蜡做的、花朵是用丝绸做的、鱼是用纸板做的，也就是说，所有的东西——对，所有的东西——都是玩具和摆设。你也许会看到两个人正在貌似真诚地做生意，但其实他们一个在兜售假货，一个在使用假币。但除此之外，我们还有更严肃的反思要做，还有更糟糕的事实要记录。本质上，人是野蛮可怕的野兽，驯服和制服它们的过程，我们称之为“文明化”。因此，我们会时时担心它们暴露本性。无论何时何地，只要法律和秩序的锁链脱落，无政府状态出现，人就会露出自己真正的面目。想要看清这一真相，不必等到无政府状态真的出现。无论古今，都有无数证据表明，人的残暴无情丝毫不逊色于老虎和鬣狗。1841 年出版的一份题为《北美奴隶制和国内奴隶贸易：论从英国反奴隶制社会到美国反奴隶制社会的过渡问题》的出版物是极具说服力的例证——这是对人类最严厉的控诉之一。读完它的人无不毛骨悚然，甚至潸然泪下。也许读者曾听说过、想象过或梦到过一个奴隶的悲惨和不幸状况，但与这本书中写到的人类本性中的邪恶相比都显得微不足道。此著作淋漓尽致地揭露了那些盲从的、经常做礼拜的、严守安息日的流氓恶棍——尤其是英国圣公会教士——是如何虐待无辜的黑人兄弟，以及如何通过不正当的暴力手段使这些黑人落入“魔掌”的。

还有一些其他的例子可以辅证。如楚迪在《秘鲁游记》中描述了秘鲁士兵在长官手下所遭到的虐待，麦克劳德在《东非游记》中揭露了莫桑比克的葡萄牙人对待其奴隶惨绝人寰的行径。更无须赘述在世界的另一端——美洲新大陆上所发生的一切了。1848 年，英国发生了数以百计的骇人事件，要么是丈夫毒杀妻子，要么是妻子毒死丈夫，或是夫妻二人合谋给自己的孩子下毒，甚至用饥饿和虐待的方式将亲生孩子慢慢折磨致死。其目的不过是从殡葬协会获得死者的死亡保险。为此，父母甚至经常会一次性给孩子在二十多家殡葬协会投保。

这样的罪行，无疑在人类犯罪史上写下了最为黑暗的几页。但是，归根结底，这是人类与生俱来的内在本性，同时也是泛神论者所崇尚的神性，人和其他一切都由此而来。每个人身上都藏着极强的自我主义，以最大限度打破了邪恶和正义的界限。从微观上讲，这体现在人们日常生活的每个细枝末节；从宏观上讲，这在历史长河的每一页上都有体现。在欧洲，人们对待平权问题时表现出的急躁恰恰证明人不过是猛兽，只要看到弱者靠近，他就会不失毫厘地扑过去。人面对日常事务时不也是如此吗？

但就我们本性中毫无节制的自我主义而言，每个人的心中都或多或少积蓄着仇恨、愤怒、嫉妒、怨恨和恶意，它们像毒蛇牙齿里的毒液一样积聚，等待着机会倾泻而出，然后我们就像挣脱束缚的恶魔一样开始狂暴肆虐。如果找不到大的爆发机会，就会利用最微小的东西，通过想象力将其不断夸大。不论是多么细枝末节的问题，都能引起他的愤怒，进而将这一愤怒尽其所能地发泄出来。我们在日常生活中经常看到这种情况，我们常把这种情绪爆发称为“在某事上发泄怨恨”。毋庸置疑，如果这种发泄没有遭到任何反对，发泄者的自我感觉就会变得更加良好。亚里士多德曾写过：“愤怒并非不会带来愉悦。”他所言不差，在此他还引用了荷马的一句话：“愤怒比蜂蜜还甜。”不仅仅是愤怒——憎恨也是如此，因为憎恨与愤怒的关系就像慢性病与急性病，憎恨会让人沉浸于最大的欢愉中：

而今仇恨成了最长久的欢愉；
人们匆匆相爱，久久怀恨。

戈宾诺在他的作品《人种不平等论》中将人称为“最邪恶的动物”。人们对此极为不满，觉得这句话伤害到了他们；但这其实说得没错，因为人类是唯一可以不为任何目的就伤害同类的动物。其他动物伤害同类，要么是为填饱肚子，要么是为暴怒而战。可能有人会说老虎捕杀动物的数量要远高于它的食量，但老虎将猎物勒死仅仅是出于捕食的目的。如果它最终不能吃完，那么唯一的解释就如同法国谚语所说：“肚饱眼馋。”没有哪种动物会无缘无故地折磨自己的同类，只有人会这样做，正是这一点构成了人类性格中比单纯的动物恶劣得多的恶魔般的特质。我已经在诸多方面谈过这一问题。它会体现在生活中最微不足道的小事中，每位读者都有机会在日常生活中观测到。比如，两只小狗正在互相嬉戏——多么温馨迷人的场景。这时，跑进来一个三四岁的小孩，他必然会拿起鞭子或棍子抽打小狗，即使是在这般年纪，就成了“最邪恶的动物”。司空见惯的是，人喜欢捉弄他人和玩弄诡计，这或许也是出于同样的原因。比如，如果某人因为被人打扰或是对一些细微的不便表现得恼羞成怒，一定会站出来一个人指责道：“最邪恶的动物！”人不应该在小麻烦面前表现得气急败坏，同样也不应该表现得欣然接受，因为一旦表现出满足，他人就会像狱卒对待犯人那样对待他。当狱卒发现犯人完成了驯服蜘蛛这么艰难的任务后，竟怡然自得地看着蜘蛛，残忍地将蜘蛛踩碎，并对犯人咆哮道："最邪恶的动物！"这就是为什么所有的动物看到人类都会本能地产生恐惧，甚至畏惧人类的足迹——他们的本能的确没有错，人类确实是"最邪恶的动物"，因为只有人类才会把捕猎当成游戏，即不出于实用的目的或者自我保护。

事实上，每个人的心里都藏着一只野兽，一直在伺机而动，准备大发雷霆，它所渴望的就是给别人造成痛苦，如果有人挡了它的路，就会被它杀死。这也是一切战争和战斗欲望的根源所在。想要驯服或至少控制住这只野兽，只有人的理智可以胜任。人们可能会将这称作人性本恶——对于想寻求一个解释的人，这至少能算是一种说明。但在我看来，当生活水深火热的痛苦不断加剧，人类必须通过给他人造成痛苦来减轻自己的痛苦。如此，人心中开始慢慢地种下真正残忍和恶毒的种子。康德的观点可以进一步说明，物质只有通过收缩和扩张两种力量的对抗才得以存在，因此，人类社会也只有通过仇恨、愤怒和恐惧的对抗才能得以延续。若非由适当的畏惧控制在一定范围之内，本性中的恶就可能会让我们沦为杀人犯；同样，这种畏惧如果不能与适当的愤怒相伴，人就可能会成为每个男孩的笑柄和戏弄对象。

但幸灾乐祸的心态——这种对他人不幸的暗自窃喜——是人类本性中最糟糕的部分。这是一种近乎残忍的心理，但有别于残忍，其实二者本质上是理论与实践的关系。概而言之，幸灾乐祸取代了人们心中本应该有的怜悯的位置，怜悯与幸灾乐祸是对立的两极，怜悯也是正义和仁爱的真正来源。

嫉妒也是与怜悯相对的，只不过体现在另一种意义上。嫉妒产生的原因与幸灾乐祸是截然相对的。也就是在一边嫉妒与怜悯相对立，而另一边，怜悯又与幸灾乐祸相对立，这主要取决于其发生的具体场景。就嫉妒而言，人们感受到的刺激是致其产生的直接原因。因此，虽然嫉妒也应该受到谴责，却还是可以理解的，总体来说，它是人性中极为寻常的，然而，幸灾乐祸却是一种恶魔般的特质，是来自地狱的嘲笑。

前文讲过，幸灾乐祸代替了怜悯应有的位置。只有当怜悯或幸灾乐祸都没有诱因时，或是只有相反的诱因时，嫉妒才会在人心中油然而生。因此，它是人之常情。但没有一个人能完全免于嫉妒。自己在某方面不足，别人却闪烁着耀眼的光芒，人就会感到更加痛苦，这是自然的，不可避免，但他不应该因此憎恨对方。真正的嫉妒也正是包含在这种仇恨之中。一个人应该嫉妒的不是他人的财富、机遇，而应该是自然的天赋；因为人内在的一切都存在着一种更高层次的合理性；也就是说，一切都来源于上帝的恩赐。但不幸的是，就这样的个人优势而产生的嫉妒最不可调和。于是，智慧或者天赋，倘若不乞求世人的宽恕就无法立足，因为没有一处能让它们光明正大地存在，蔑视凡尘。

换句话说，如果嫉妒之心皆因财富、地位、权力而起，那么能抑制它的就往往是利己主义；也就是说，通过与嫉妒的对象交往，人们希望从他的优越性中借光，给自己赢得诸如机缘、援助、愉悦、支持、庇佑、晋升之类的好处，希望自己有一天也能获得所有这些优势。而对他人的自然禀赋和个人优势的嫉妒是无法抚慰的，如女性的美貌或男性的智慧。对于这些优势品质，人只能沉湎于苦涩而无法调和的嫉妒，心中剩下的唯一的期望便是向对方复仇。

而正因如此，嫉妒成性的人会发现他们常常处于不利的位置，因为一旦被人知道一切阴谋诡计均出自他之手，那么他所有的行为就会变得苍白无力。因此，他必须小心翼翼地隐藏自己的感情，将其当作一项秘密的罪过，久而久之，这类人就成了孜孜不倦研究诡计、手段和工具的专家，将自己的行为小心掩藏，以便对嫉妒对象造成伤害。例如，他会摆出一副漠不关心的神态，假装对那些使他心神不宁的优势品质视而不见，或者对此装作一无所知、从未听闻的样子，他是伪装艺术的大师。这样的人会老奸巨猾地假装自己完全忽视其嫉妒的对象，暗地里却对对方的才智咬牙切齿；言谈举止中把自己装扮成一个无足轻重的角色，从而不引起他人的注意，甚至让人忘记他的存在。与此同时，他费尽心机地利用一切机会来夺取这些优势，展现自己，以为人所知。然后，他会从最阴暗的角落里用尽一切谴责、讽刺、嘲笑和中伤的手段来攻击这些光辉品质，就像癞蛤蟆从洞里喷出毒液一样。同样，他会热情地赞扬那些不足轻重的，甚至在同一领域表现得极为糟糕、无人关注的人。总而言之，就像精于诡计的变形海神，能够在不暴露自己的前提下对别人造成伤害。但这些雕虫小技又有什么用呢？他的一切丑行在有识之士眼中一览无余。一看到嫉妒的对象，他就会小心回避或立刻逃走，从而暴露了自己。越是孑然一身的人越是光彩夺目，这就是漂亮女孩没有同性朋友的原因。嫉妒成性者表现出的无缘无故的仇恨也暴露了自己，他的仇恨会在鸡毛蒜皮的小事上随时倾泻，爆发出来，尽管那往往只是基于他的想象。世界上这样小肚鸡肠的人不计其数，但大众却总会给他们贴上谦虚谨慎的标签，这只是愚蠢平庸的人臆造出来的“美德”。不过，这种“美德”体现了身处窘境的人所需要的体谅和照顾，它能唤起人们的注意。

出于自我意识和自尊，没有什么比看清人的嫉妒之心在阴影的角落中的密谋更让人开心的了。但是，永远不要忘记，哪里有嫉妒，哪里就有仇恨，切忌结交嫉妒成性的损友。因此，重要的是，要让嫉妒暴露在光天化日之下；人应当学会一眼看穿这些阴谋诡计，它无处不在、隐藏身份。如我所说，它就像一只潜伏在黑暗角落里的毒蟾蜍，既不值得施舍，也不值得同情。既然我们永远也不能与它和解，那就让我们以一颗善良的心去蔑视它吧。我们的幸福和荣耀对嫉妒者来说就是一种折磨，它们痛苦，我们就开心。我们已经窥见了人类的堕落，这种景象很可能使我们感到恐惧。但现在我们转头去看人类存在的痛苦，这样做之后，我们会再次被吓到，再回头就会发现，人的堕落与痛苦是平衡的。我们将认识到世界本身就是对它们最后的审判，从而感受到万物之间永恒的正义；我们将理解为什么世间的一切都必须为自己的存在付出代价,从出生到死亡。犯下多大的罪过,就要偿还多大的代价。从同样的角度，我们对绝大多数人在智力上的无能感到愤慨，这在生活中常常使我们感到恶心。在佛教徒所说的“轮回”中，人类的痛苦、堕落和愚蠢完美契合，分量相似。但出于一些特殊的原因，如果我们将目光聚集在其中之一进行详细研究，往往会觉得它比另外两项要多。其实，这只是一种幻觉，只是受到了范围的影响。

万事万物无不遵循着“轮回”，人类世界尤其如此。从道德的角度，邪恶与卑鄙；从理智的角度，无能与愚蠢。这些东西在人类世界占据上风，已经达到了令人恐惧的程度。但是，偶尔也会出现一些新奇的惊喜，比如诚实、善良、高贵的一些表现；还有极高智慧和天才思维的展现。它们不会消失无踪，而是像几束亮光,划破无边黑夜,将我们照亮。我们必须把这些看作一种保证,即这个“轮回”秉持着善良与可救赎的原则，人就能够突破阻碍、充实内心，得到充分的解放。

* * *

读过我的《伦理学》的读者都知道，对我来说，道德最根本的基础是一种真谛,《吠陀》和吠檀多哲学秘法称之为:“汝即彼”。这句箴言适用于一切生灵，人兽皆然，被称为“无上真言”。

按照这一原则进行的活动，如慈善家的活动，确实可以被视为神秘主义的开端。带着纯粹的善意施恩于他人，这样的行为与表象的世界格格不入。虽然做善事的人认为，他人与自己是完全独立存在的，但其实二者并无不同。据此，一切无私的善意都是无法解释的谜。因此，为了解释它，不得不虚构出许多神话。康德摧毁了支持有神论的所有论据，只有一种除外，那就是神秘的善行，以及其他类似行为的解释。康德认为这种假设在理论上是无法推定的，但从实践的角度是成立的。然而，我怀疑，康德是否认真对待了这个问题。因为把道德建立在有神论的基础上，其实就是把道德降为利己主义。诚然，对于英国人或者我们德国社会最底层的人来说，也想象不到道德还可能有其他基础。

上面我讲到，一个人如何对待作为客体的他人，体现了他的本质。下面我要举一个凄美的例子，明晰地说明这一点：一个已经注定要死亡、无法挽救的人，还会以极大的关怀和热忱献身于他人的福祉，并试图拯救别人。一个女仆晚上在院子里被疯狗咬伤，她认为自己已经没办法治疗了，就拼命地抓住狗，直到把狗拖进马厩，锁在里面，这样一来这条疯狗就不能再去咬别人了。再如那不勒斯发生的一件事，蒂施拜因[1]把这个主题画成了水彩，流传至今。故事如下：一个儿子背着他年迈的父亲飞奔，躲避迅速流向大海的熔岩。当岩浆之间只剩下一条狭长的通路时，父亲让儿子把他放下，这样儿子跑得更快就能捡一条命，否则两个人都将葬身火海。儿子听从父亲的话，临走时向父亲投去了告别的

1 蒂施拜因(1751—1829)，德国画家。

目光。画家所画的就是这一时刻。斯科特在《米德洛锡安之心》的第二章中以卓越技法描写的历史场景，也与之相似：有两个死刑犯，当初由于其中一名的笨拙才导致另一名被捕。在执行死刑的那一天，害同伴被抓的那个死刑犯，在牧师做完死刑前的布道之后，突然起身击倒警卫，让他的同伴得以逃脱，而他自己却没有丝毫想要逃跑的意思。说起来，一个常见的雕刻题材也不得不提，这一场景可能引起西方读者的反感。在这个场景中，一个士兵跪在地上，将被枪决，却还极力挥舞一块布，想吓走向自己奔跑过来的爱犬。

这些例子中的人，都面临着即将到来的不可避免的死亡，即使在这样的情况下，他们想的不是怎么拯救自己，而是把自己的全部气力都花在拯救别人身上。这非常清楚地表达了这种觉悟：遭到毁灭及毁灭本身都是一种假象。另一方面，面临死亡的那个人，其真正存在并没有因为他的肉身死亡而结束，而是会继续活在别人身上，他的行为，不正说明他已经清楚地在他人身上看到了自己吗？假如不是这样，他的真正存在即将被消灭，那么这个人又怎么会在生命的最后，还对别人的福祉和生存如此关心呢？

有两种不同的方式可以让一个人意识到自己的存在。第一种方式，是人可以获得关于自己存在的经验性认知，因为它会有外部显性的表现。不得不说，人的存在是那么渺小，仿佛就要消失了一样，而人类所处的世界，时间和空间都是无限的。地球上有数十亿人，他们只在这个星球上存在了很短的时间，我们都不过是其中的一分子。第二种方式，是通过思考自己的本性，一个人可能会意识到自己即是万物。事实上，他是唯一真实的存在。此外，这个真实的存在又在其他人身上感知到了自己，他人是从外部呈现的自己，仿佛他们是自己的一面面镜子。

在人可以认识自己的这两种方式中，第一种方式只抓住了现象，只是个体化原则的产物，而第二种方式则使人立即意识到自己是“自在之物”。我运用了康德的思想来解释第一种，而《吠陀》的教义在两种方式的解释中都会用到。

诚然，第二种方式很容易遭到一种反驳。即根据这种假设，同一个人可以同时存在于不同的地方，而且每个地方的他都是完整的。虽然从经验的角度来看，这明显不可能，甚至应该是荒谬的。但对“自在之物”来说这却是完全正确的。从经验的角度看，事物的不可能性和荒谬性只是其现象所呈现的形式，是基于个体化原则的。对于“自在之物”而言，生存的意愿，在所有的存在，即使是最小的存在中，都是完整而未被分割的，过去、现在、未来，都是一个完全的整体。这就是为什么每个人，即使是最微不足道的，都可以说:“只要我自己安全，世界灭亡也无所谓。”而且，事实上，即使世界上其他人都灭绝，只剩下最后一个，那个人仍然拥有世界完整的自我存在，毫发无损，他还会嘲笑世界的毁灭只是一种幻觉。这个通过“不可能”获得的结论，或许可以用与之相反的结论来论证，两者完全一致，即如果那个最后生还者死去的话，整个世界也会随之毁灭。正是在这个意义上，神秘主义者安吉拉斯·西莱西乌斯宣称：若没有他，上帝一刻也活不下去，若他死亡，上帝必然也要化为一缕青烟。但是，经验主义的观点也在某种程度上让我们能够认识到以下真相，或者至少是可能性：我们的自我能够存在于其他生命中，而这些生命的意识与我们自己的意识是分离的、不同的。梦游者的经历就是如此。虽然梦游者在梦游的整个过程中，自我的身份得到了保留，但当他们醒来时，完全不记得自己在梦游时说过什么话、做过什么事、有过什么遭遇。无疑，个体的意识也如此，甚至在同一个自我中，也可以产生两个意识，而这两个意识对彼此都一无所知。

第二章　自由

在看过我的获奖作品《论道德与自由》中得出的结论后，任何有思想的人都不会怀疑，自由不存在于自然界的任何地方，而是在自然之外。唯一存在的自由是形而上的。在物质世界里，自由是不可能的。据此，虽然我们的很多行为在任何意义上都不是自由的，但每个人的性格都要被视为一种自由选择的结果。成为这样或那样的人，是一个人自己的意愿决定的。因为意愿本身，就其自身内容而言，也从其在个人身上的表现而言，构成了人原始和基本的欲望，这是独立于一切知识之外的，是知识的先导。意愿从知识中获得了各种动机，通过这些动机，意愿不断地发展自己的本性，使本性变得可识可见。但意愿本身作为一种超越时间的东西，只要它存在，就永远不会改变。因此，每一个人，不论他是做什么的，在此刻的环境中，除了当下在做的事情，绝对不能再做其他事情。因此，一个人的整个生命历程，大大小小所有的经历，就像时钟的摇摆，都是注定的。

其主要原因在于，我所描述的那种形而上的自由行为，往往会成为一种感性的直觉，它受制于空间和时间的形式。通过这些形式，行为的统一性和不可分割性被表示为一系列的状态和事件，这些状态和事件受制于充分理性原则，而这正是必然性的体现。

但这一切的结果都带有道德的色彩。这等于说，通过我们所做的事情，我们知道我们是谁；通过我们所受的痛苦，我们知道应该得到什么。

由此可见，一个人的个体性并不单单停留在个体化的原则上，因此，在本质上也不完全是现象。相反，它的根源在于事物本身，在于作为每个人本质的意愿。这个个体的性格本身就是个体。但个性的根基有多深，是我不承诺回答的问题之一。

在这方面值得一提的是，即使是柏拉图，也以他自己的方式表示人是有个性自由的。柏拉图认为，按照“轮回”的教义，一个人出生的时候就有感情和性格，影响他一生的方向。婆罗门哲学家们也以神秘的方式表达了人先天的本性很难改变。他们说，梵天在创造一个人时，会把他一生要做的事和要受的苦用文字刻在他的头骨上，他的一生就遵循着这些文字行进。他们指出颅骨缝合处的锯齿状边缘就是这些文字存在的证据。他们认为这些文字的好坏，取决于一个人前世的生活和行为。同样的观点似乎也是基督教，或者说是保罗教义中宿命论的基础。

但这个被经验普遍证实的真理，还导致了另一个结果。一切真正的功德，无论是道德上的，还是知识上的，其来源都不仅仅是物理上的或经验上的，而是形而上的。也就是说，功德是先天赋予的，而不是后天得到的。换句话说，功德是与生俱来的，而不能通过后天的努力获得，所以其源头不是单纯的现象，而是事物本身。因此，就是每个人都只实践了他的本性中不可改变的既定的东西，或与生俱来的东西。诚然，智力需要发展，就像如果我们想要享受和使用各种天然产物，也需要对它们进行培养。但就像天然产物的例子一样，我们没办法用培养方式取代需要培养的东西，那么在发展智力方面也是如此。这就是为什么那些仅是后天获得的、习得的或强加的品质，也就是那些并非先天的品质，无论是道德的还是知识的，都不是真实的或真正的，而只是表面的，并不具备任何价值。这是真正的形而上学的结论，那些能透过事物看到本质的人，也可以通过经验印证这一点。另外，人们也特别看中一个人的容貌、外在形象这些先天特征，对那些出众的人尤其如此。这也解释了我们为什么对英俊貌美的人如此好奇。可以肯定的是，除了肤浅的人还有很多普通人，会有很多理由持相反的观点。因为如果他们人生中遇到了什么不幸，他们就可以用这个理由安慰自己，认为一切还有挽回的机会。

那么，这个世界就不仅仅是一个胜负都已经注定的战场。绝不是！世界本身就是最终审判。根据婆罗门和佛教的教义，每个人出生的时候都背负着业缘，这一生应受的苦和这一世应享的福。

有人提出这样的问题：两个人在荒野中过着孤独的生活，第一次见面，他们会怎么做？霍布斯、普芬道夫、卢梭各自给出了不同的答案。普芬道夫认为，他们会成为朋友。霍布斯则相反，认为他们会成为敌人。卢梭的想法和他们都不一样，他认为这两个人会以沉默相待。这三个人的说法有对也有错。这只是一种特例，在这种情况下，一个人和另一个人在先天性情上存在的巨大差异就会显现。这种差异是如此之大，以致这里提出的问题可以看作它的标准和尺度。有的人一看到另一个人内心就会泛起敌意，内心感叹：我怎么能这样！还有的人，一看到另一个人内心就会感到同情，内心说道：这才是我的真实写照！这两种态度可谓是天壤之别。为什么在这个最重要的问题上，我们会如此不同呢？这已经不是一个问题，简直是一个谜。

关于道德品质的这种先验性，丹麦作家巴斯托姆在其著作《对野蛮国家人对知识的历史贡献》中，提出了自己不同的看法。他感到震惊的是，知识文化和品德高尚完全是两回事，拥有知识文化不代表品德高尚，反之亦然。正如我们将发现的那样，原因很简单，优秀的道德品质绝不是来自反思，而是来自意愿本身。反思是知识文化的产物，而意愿的构成是与生俱来的，不容易通过教育手段得到改善。巴斯托姆把大多数国家说成是非常恶毒和不道德的。另外，他又报告说，在一些野蛮人中发现了优秀的性格特征。例如，澳崎瑟斯特人、萨乌岛居民、通古斯人和婆柳岛人就是如此。因此，他试图解决这样一个问题：为什么当他们周遭的部落全部道德败坏的时候，他们还可以保持自己部落的高尚与善良？

在我看来，这个难题可以这么解释。如我们所知，道德品质是可以遗传的。一个与世隔绝的部落，它的兴起可能会追溯到某个家族，而这个家族的祖先恰好是个好人，部落兴起之后，还可以继续保持他们的纯洁性。如果不是这样的话，会存在许多不和谐的情况，如拒绝偿还公债、海盗侵扰等。英国人不是经常提醒北美人他们是英国流放犯的后裔吗？不过，这种指责只适用于一小部分人。

令人惊叹的是，每个人的个性（也就是说，明确的性格与明确的智慧的结合）一丝不差地决定了他的所有行动和思想，甚至很多不重要的细节、琐事。个性仿佛就是一种染料，染透了每个人的内心。因此，一个人的整个生命历程，换句话说，他的内在和外在的历史，与另一个人的生命历程截然不同。就像植物学家，从一片叶子中就可以了解一株植物的全部；就像居维叶可以只靠一根骨头，构造出一个完整的动物。我们也可以通过单一的特征性行为，准确了解一个人的整个性格。也就是说，他在某种程度上可以从他自己做的小事中构造出来，即使有关行为的后果非常微不足道。其实，小事才是最完美的考验，因为面对一件重要的事，人们往往会保持警惕。而在琐碎的事情上，人们才会不假思索地遵循自己的真实内心。这就是为什么塞涅卡说“小事见性格”，这句话真是对极了。如果一个人在小事上就不择手段、自私自利，那么这就表明他绝不是一个正义的人，那么除非有适当的保障，否则就算只涉及一分钱，也不应该信任他。因为谁会相信一个每天在除财产以外的所有事务上都不公正的人？谁会相信一个在普通生活小事中处处显露无边无际的私心的人？就像一件肮脏的衬衫从破夹克的洞里漏出来一样。我想问，在与你我利益攸关的事情上，谁会相信没有任何动机光明正大行事的人呢？一个在小事上没有良心的人，做大事时就会变成无赖。如果我们忽视了一个人微小的品格特征，利益受损后才了解这种品格在人生大事上的不利之处，那我们也只能怪自己了。根据同样的原则，只要我们那些所谓的朋友在琐碎的事情上，表现出邪恶、卑鄙、庸俗和下流，我们也应该与他们划清界限，以免遭受那随时觊觎着我们的厄运。这样的道理，同样也适用于仆人。让我们永远铭记这句格言：宁可独来独往，也不要与叛徒为伍。

在人类的所有知识中，最重要的真理是要明白一个人的行为，无论是从整体上看还是从细节上看，都不是他的理智或他的意愿决定的。没有一个人因为希望成为这样或那样的人，就成了他想要成为的那种人，不管他有多想。一个人的行为来自他与生俱来的、不可改变的性格，而性格对动机的影响是更直接、更具决定性的。因此，一个人的行为是他的性格和动机的必然产物。这一点可以用一颗行星的运行轨迹形象地说明，即行星的运动是它自身的轨道切线力和来自太阳的向心力共同作用的结果。在这个比喻中，切线力代表人的性格，向心力则代表动机的影响。这个比喻并不单纯。从形而上学的角度看，一方面切线力是行星运动的源泉，而另一方面，行星的运动又被引力所控制，这就是意愿在行星上的表现。

掌握这个事实，就是要看到，我们实际上向来只有对尚未发生的情况应做什么的猜想，尽管我们常常把我们的猜想当作一种决心。例如，当一个人在实施一个计划的时候，他急切又真诚。

他许诺将来某件事情发生时，他会这么做或那么做。但是，他很少能实现他的承诺。除非他认为，他所给予的承诺，就其本身而言，在所有情况下都是一个强有力的动机，驱使着他去完成，就像人们对荣誉的追求一样，总有外在的压力鞭策着他去争取。但除此之外，在具体的情况下，一个人会做什么是可以预测的，只要我们了解透彻他的性格和他面对的外在环境。这就是一叶知秋的道理。如果之前他已经面对过这种情况，那么他会做什么就更容易预测了，因为他必然还会做出同样的事情，只要他在第一次做这件事的时候就已经把这件事摸透了。因为正如我经常提到的那样，一个人行为的最终原因，并非真实，而是已知。凡是他第一次未能认识或理解的东西，都不可能对他的意愿产生影响，就像电流在遇到绝缘体时无法导电一样。对于一个人来说，如果他在任何特定的场合没有做他应该做的事情，要么缺乏决心，要么缺乏耐力，要么缺乏勇气，要么缺乏当时所要求的其他品质，那么他就会非常清楚，性格是不可改变的，他所做的一切都是性格使然。事后，他认识到自己应该做的事情，并为自己做的错事真诚地忏悔，他想，如果再给我一次机会，我一定不这么做了。但是，当他有了第二次机会，同样的桥段又出现了。他非常吃惊地发现，他重蹈覆辙了。

莎士比亚的戏剧以各种方式，为我们上面谈到的真理提供了最佳例证。这是莎翁彻底领悟到的真理，他的直觉与智慧，在他戏剧的每一页都有具体而形象的表达。我将在这里举出一个例子，这个例子是说莎翁如何自然、不做作地说明一个真理的。因为莎翁是一个真正的艺术家，从来不从一般的想法出发。他的方法显然是要努力获得当下、本能的真理，他不在乎有没有人注意和掌握这个真理,而且丝毫没有受到德国那些愚钝肤浅的人的影响（他们总以为自己的作品揭示了道德生活的内在本质）。

我提到诺森伯兰伯爵这个人物，我们在连续三部剧中都能看到他的身影，尽管他在其中任何一部剧中都没有担任主角，并且他只出现在分布于十五幕戏的几个场景中。因此，如果读者不是很细心的话，这个角色的道德身份就很容易被忽略。但是，莎翁是不会忽略的。莎翁笔下的伯爵，高贵而具有骑士风度，说的话也十分得体，符合他的身份。这个伯爵还会时不时地说出一些华丽的辞藻。相对而言，莎翁的写作方式与席勒相去甚远，席勒喜欢描绘黑暗中的魔鬼，他对这个角色的道德态度，可以从这个角色自己的话语中听出来。无论是莎翁还是歌德，他们笔下的每一个人物，只要在舞台上讲话，似乎都是绝对正确的，即使这个人是魔鬼本人。在这方面，读者可以比较一下同样的阿尔巴公爵，在席勒和歌德笔下有什么不一样的呈现。

我们在《理查二世》一剧中，认识了诺森伯兰伯爵。他在剧中第一个策划了反对国王的阴谋，以支持后来博林布鲁克上位；但在《亨利四世》这部书里，他又对国王殷勤有加（第三幕，第二场）。在接下来的一幕中，他受到了训斥，因为在谈到国王时，他无理地把国王称为“理查”，但他狡辩说，他这样做只是为了简洁。稍后，他用阴险的话语诱使国王屈服。之后，当国王放弃王冠后，诺森伯兰伯爵以一种极端刻薄和轻蔑的态度对待这位前国王，以致让这位倒霉的君主完全崩溃，失去了所有的耐心，对诺森伯兰吼道：“你在我下地狱之前就折磨我，你是恶魔吗？！”在结尾处，诺森伯兰向新国王宣布，他已砍下了那些拥护前国王的人的脑袋，并且现在正在送往伦敦的路上。

在接下来的悲剧《亨利四世》中，诺森伯兰伯爵以同样的方式策划了一场针对新国王的阴谋。在第四幕中，我们看到叛军联合起来，为第二天的决战做着准备，焦急地等待着诺森伯兰率师前来。最后，他终于来了一封信，说他病了，他不能把他的部队托付给任何人。但尽管如此，其他叛军还是应该勇往直前，进行一场勇敢的战斗。叛军确实作战勇敢。但是，诺森伯兰的缺席大大削弱了他们的力量，导致他们被彻底击败。叛军统领大多都做了俘虏，诺森伯兰伯爵自己的儿子，英勇的霍恣帕也死在了威尔士亲王的手里。

随着故事的发展，到《亨利四世》的第二部，诺森伯兰伯爵因为儿子的死亡而狂怒，疯狂地想要复仇。因此，他又发起了另一场叛乱，而叛乱的首脑们又一次聚集在一起。在第四幕中，就在他们准备开战，只等着诺森伯兰伯爵加入时，到来的又是一封信。诺森伯兰伯爵在信中说他还没有召集好部队，现在在新西兰暂避风头。尽管如此，诺森伯兰伯爵还是衷心祝愿叛军的英雄事业取得最大的成功。但是，叛军因为实力与国王军相差太大，就和国王签署了投降条约。国王没有遵守条约，歼灭了所有叛军。

人的性格，远远不是理性选择和深思熟虑的结果，以致在人的一切行动中，理智除了向意愿提供动机外，什么也做不了。此后，在人的一生中，理智只能做一个旁观者和见证人，面对人们天生性格对动机的影响，理智也只能俯首称臣。严格说来，生活中所有事件的发生，与时钟的摇摆一样，具有同样的必然性。关于这一点，请允许我提出参考我的著作《论意愿自由》。在这本书中，我已经解释了意愿完全自由地指挥着人的每一个行为，还有为什么是一种幻觉，以及这种幻觉是怎么形成的、它的真实含义又是什么。而且，我还指出了这种幻觉出现的原因。我在这里只想补充一种从目的论出发的解释。

一个人一生中的所有行为，看上去好像都是自由的、独创的，而在实际上一切都是性格使然，这点人是可以想明白的，而也正是在人的理智明白了这一点后，人生旅途也就决定了。既然每一个行动中都有原创的东西，在经验意识看来，每一件事情就都是全新的，因此，一个人就接收到了他一生中最为震撼的道德教育。在这之后，他就不像以前一样了，他彻底意识到自己性格中所有不好的方面。从此，良心将伴随他每一个行为，并时常告诫他：你不应该这么做。它的真正目的是让你成为更好的自己。一方面是由于性格的不变性，另一方面则由于人一生要遭遇的处境都是注定的，所以说，一个人的生命，从摇篮到坟墓，每一步都被安排了。但是，不管是从主观还是从客观的角度来看，我们要是能接受所有的正义观念，那一个人的生活可能比另一个人的生活更幸福、更高尚、更有价值。否则，我们就会得出在婆罗门教和佛教中广为接受的教义，即我们出生的时候，就带着前世所造的“业报”。

马基雅维利似乎对哲学思辨没有任何兴趣，但他以非常独特的理解力和不同凡响的敏锐力，提出了下面的观点，这一观点具有真正深刻的含义。这一观点揭示了马基雅维利对必然性的所有方面都有一种直观的认识，即一旦性格和动机确定，所有的行为也都是必然的。马基雅维利在他的喜剧《克莉泰娅》序幕的开头就提出了这个观点。他说，如果同样的人以同样的情况反复出现在这个世界上，那么一百年后，我们会发现自己还在做今天所做的事情。马基雅维利似乎受到奥古斯丁的极大影响，尤其是奥古斯丁在其回忆录《上帝之城》第七卷第八章的议论。

命运，或古人所说的“eimarmenae”（希腊语），无非意识到万物都有确定性，即所有事情的发生都是有因果链的，所有事情的发生都严格地遵循着某种必然性。未来也已注定，而且注定的未来就像过去一样丝毫不能改变。也就是说，如果我们不否认神秘力量和天眼存在的话，古人有关宿命论的神话中，所有可以被视为传说的东西都是对未来的预言。一个人与其试图用肤浅的废话和愚蠢的托词否认宿命论的基本真理，不如尝试清晰地认识和理解它。因为宿命论是显而易见的真理，宿命论以一种非常重要的方式帮助我们理解生命之谜。神定论和宿命论在主要方面并无不同。他们的区别只在于，神定论认为决定人类行动的天生性格，以及外在决定因素来自一个理性存在，而宿命论则认为这些来自一个非理性的存在。但无论哪种情况，其结果都是一样的：发生了的事情是必然要发生的。

另一方面，道德自由的概念与独创性的概念是不可分割的。一个人可以被说成是另一个人的作品，但他不能被认为是另一个人的作品，因为他的欲望和行为是自由的。即使声称自己是从石头缝里蹦出来的人，他的本性和全部特征，也是由同样的过程决定的。因为没有人可以在没有创造的情况下进行创造，也就是说，它的全部特征都是由某种存在决定的。但是，一个人所说的和所做的一切，都必然产生于如此决定的品质。因此，运动的只是这些品质本身。只有一些外在的刺激才能让它们出现。一个人是什么样的人，他必然就会做什么样的事。对一个人的赞美或责备，绝不是针对他个人的行为，而是针对他的本性和存在。

这就是为什么有神论和人的道德责任不相容。因为责任总是归于人的创造者，他是责任的根源和中心。人们曾徒劳地试图通过道德自由的概念，在这些不相容的东西间架起一座桥梁，但又总是坍塌。自由的东西也必须是原初的。如果我们的意愿是自由的，我们的意愿也是原初的要素，反之亦然。前康德的教条主义试图解开这两个概念的乱麻，于是假定存在两种自由，一种是宇宙论的即第一因，另一种是道德的、神学的、人类意愿的自由。康德在《纯粹理性批判》的第三、第四个关于自由的二律背反中阐释了这两种自由。

另一方面，我的哲学直接明了的承认，一切行动都具有严格的必然性，这一思想是符合下面的说法的。即使在有机的和非理性的世界中表现出来的东西也是意愿。如果不是这样，那么当行为的必然性在非理性的事物上发挥作用时，就会与意愿发生冲突。我的意思是，如果个人真的有行为自由这样一种东西的话，那么其他的各种行为也就没有严格的必然性了。但是，正如我刚才所表明的那样，正是这种关于一切意愿行为有必然性的学说，使我们有必要把一个人的存在及其本身看成他有自由的结果，因而也是他自由行事意愿的结果。因此，意愿必须是自我存在的，它必须具有所谓的自在性。在相反的假设下，所有的责任，正如我所表明的那样，都将失去效力，而道德也和物理世界的一台机器一样,按照它的制作者所设定的那样而运动。所以,真理是携手共进、相互完善的，而错误则在每一个角落里你推我搡。

道德教育对行为产生什么样的影响，以及这种影响的限度是什么，这些问题我在我的《论道德基础》一文的第二十节中已做了充分的阐释。道德榜样在很多基本方面能够起到和道德教育类似的作用，榜样能比照本宣科发挥更强大的作用，因此值得简要分析。

总的来说，榜样的作用有两种，一是可以压抑人，二是可以鼓励人。在第一种作用的影响下，一个人放弃了他想干的事。我的意思是，他看到其他人没做这件事后，就觉得做这件事不一定是好事，这么蛮干下去可能危及他的人身财产安全，也可能有损他的荣誉。

虽然这件事他没干成，但他也感到心满意足，欣喜地发现自己再也不用为这件事伤脑筋了。或者他可能看到另一个人坚持干了下去，结果却招来祸患，这让他更不敢做下去了。鼓励一个人的榜样有三种作用。首先，榜样会诱导一个人去做他很不乐意做的事，因为他害怕要是不这么做可能会发生不好的事情，或者害怕别人对他有不好的看法。其次，榜样会鼓励一个人去做他很乐意，但由于害怕危险或者由于胆怯至今都还没做的事。这就是榜样具有诱惑性的例子。最后，榜样可能会使一个人去做他本来从未想过要做的事。很明显，在最后一种情况下，榜样主要是从理智方面影响别人的，对意愿的影响是次要的。如果榜样发挥了这样的作用的话，那也是别人在自主判断理性思考之后做出的决定，或者出于对推荐榜样的那个人的信赖。

榜样对人的各种影响都是十分巨大的，而且这些影响都建立在这样一个事实之上：人们通常对自己缺少判断，而且往往缺乏知识，不能为自己探索、谋划道路。因此，人们乐于跟随别人的脚步。也正是因为这一点，一个人越缺乏优良品格，就越容易受到榜样的影响。事实上，我们发现，大多数人的指路明灯都是他们的榜样。他们在整个人生历程中，无论大事还是小事，到头来都只是模仿，甚至在最琐碎的事情上，他们也不按照自己的判断行事。模仿和习惯，差不多是人类所有行为的根源。其原因在于，人们羞怯于反思，缺乏对自己判断力的信心。同时人的这种非同一般的强烈的模仿本能，恰恰证明人类和猿类有血亲关系。

但是，榜样的效果也取决于一个人的性格。因此，同一个榜样可能会诱惑一个人，却会阻止另一个人。想要亲眼看看这一点非常容易，只要去社交场合瞧瞧，就能发现所有人都在慢慢变得庸俗。当一个人第一次注意到这种情况时，他可能会对自己说："真丢人！他怎么能这样做呢？他是多么自私，多么不近人情！真的，我将永远不会做这样的事情。"但是，还有二十个人有不同的想法：如果他这样做的话，我也这么干。

就道德而言，榜样和说教一样，确实可以促进文明和法律的进步，但不能让人内心向善，而严格地说，只有人内心向善才是真正的道德进步。因为榜样总是单单作为一种个人的动机而起作用，因此，也就假定了人们容易受到这种动机的影响。一般来说，榜样的作用是促进性格中好的部分，或者助长坏的部分，不能创造性格。塞涅卡有一句格言：意愿绝不是后天习得的。这句格言在这里也同样适用。但是，所有真正的道德品质，好的也好坏的也罢，都是与生俱来的、内在的。这与婆罗门教和佛教的"灵魂轮回"学说是契合的，一个人的善行和恶行就像他的影子一样，从前世跟着他到了今生。犹太教的主张则不一样。在犹太教看来，每个人出生到这个世界上都像一张白纸，无善无恶，所以他才能凭借难以想象的自由意愿，走向既不用追求也不用避开的目标——无差别的自由。因此，他可以理性的考虑，他想成为一个天使还是一个魔鬼，或任何其他介于两者之间的存在。虽然我很清楚犹太人的图谋，但我并不在乎，因为我的标准是真理。我不是哲学教授，因此，我不认为我的天职是不惜代价地建立犹太教的基本观念，即使缺乏这种观念会永远阻碍各种哲学知识的进步。以道德自由为名的无差别的自由，只是被哲学教授们玩弄于股掌之间的迷人玩偶，我们必须得把这些玩偶留给那些聪明、可敬和正直的先生。

第三章　虚无

所有事物都是虚无的，大到无限的时间和空间，小到有限的个体，无一例外。当下稍纵即逝的瞬间是虚无的，万事万物相互依存的关系也是虚无的。事物永恒不断地变化，以及人们无休无止的永不满足的欲念也体现了虚无。虚无还体现在人的一生要经历无数挫败，才能赢得最终的胜利。时间及无常的万物，都只不过是生存意愿表现出来的形式——它们作为自在之物是永恒不灭的。然而，在时间面前，它们的虚无也袒露无疑。我们所拥有的一切，可能随时都会化为虚空，失去所有真正的价值，这就是时间的力量。

* * *

过去的都已不复存在，就好像从来没有存在过一样。而且，所有现在存在的事物，下一个瞬间就变成过去的存在了。因而，无论现在的事情多么无关紧要，都要比以前发生的大事重要。因为此刻发生的事是真实的，而以前发生的都已成为虚空。

一个人从几万年前的虚空中走来，匆匆一生过后，又走向无穷无尽的虚空，短暂存在的生命意识，怎能让人不吃惊。心灵固然难以接受这样的事情，但即使是还未开化的理智，经过一番思考之后，也能对时间的本性有所感悟。这种时空的理想性，是每一个形而上学体系的关键。因为它可以构建一种与自然秩序天差地别的事物秩序。这也是为什么发现了这一真理的康德那么伟大。

我们生命中的每一件事，只有瞬间的存在。瞬间过后，就变成了永远的过去。每一个夜晚的到来，都让我们永远失去生命中的一天。时光易逝，思虑为何短暂的人生稍纵即逝，总会让人感到愤怒。若我们能从心灵深处感到我们拥有永恒的泉水，我们的生命总能重生，那么这种愤怒就可以消除了。

思虑过上述事物的本质后，把活在当下、享受当下当作人生的目标，无疑是最明智的。因为当下才是唯一真实的，除此之外都是思想的虚构。然而，这个目标也可以说是最愚蠢的。因为每一个当下，在下一秒也会不复存在，像梦一样消失得无影无踪，根本不值得为其耗费精力。

* * *

我们存在的唯一基础就是永远在流逝的当下。因此，从本质上讲，当下必须处在永恒运动的形式之下，否则的话我们就没办法得到一直苦苦追求的安宁。这就像是一个向山下奔跑的人，他要是停下的话就会摔倒，所以是一直奔跑的动作保持了他的平衡。也像一根在指尖保持平衡的竹竿，或者像围绕着恒星转动的行星，一旦转动停止，行星就会撞向恒星。因此，运动是存在的标志。

这个世界不存在稳定性，也没有持续不变的可能，一切都处在极速变化的旋涡之中，一切都在匆忙前行，只有不断运动才能保持这个时间的平衡。在这样的世界里，毫无幸福可言。正如柏拉图所言，连续变化、永不存在是生存的唯一方式。试问，幸福怎能在这样的世界上立足？首先，没有人是幸福的。人们穷其一生都在追寻幻想出的幸福，这种幸福很少得到，即使得到了很快也会让人感到失望。常常到了最后，人就像一艘遭遇海难的帆船，折断了桅杆，停靠在港口，再不能扬帆。人的一生，不过是无数个永远处于变化的当下，到其终了，一个人幸福不幸福根本就不重要了。

同时，令人惊叹的是，人和动物一样，都在饥饿与性这两种基本的欲望的驱使下，一直处在骚动不安的状态。另外，厌倦也有些许煽风点火的作用。对一个人而言，这些足以推动他在人生的舞台上呈现缤纷多彩、曲折复杂的表演。

再仔细观察一下，我们就会看到，无机物从出现到消失，不断受到化学力量的影响。而有机物得以存在，要归因于物质的不断变化，这种变化为有机物的形成从外部源源不断地提供补给。因此，有机生命就像一根在手心保持平衡的竹竿，运动不能停，满足其对物质永久不满的需求也不能停。只有出现有机生命，意识才有可能出现。

据此，这是一种有限的存在，与此相反的是一种无限的存在。无限的存在既不会受到来自外部的任何攻击，也不需要外部的帮助，因此，处于永恒的安息之中。没有变化，没有时间，也没有多样性。对世界的消极认识，是柏拉图哲学的主要特征。对生存意愿的否定，揭示了通往这样一种状态的道路。

* * *

人生的场景就像一幅粗糙的镶嵌画。近看看不出什么，要远看才能看到它的美。得到一直想要得到的东西，我们就会发现其实这东西一文不值。我们总是向往更好的东西，同时我们也常常忏悔，希望重新拥有过去的东西。现在在我们眼里是暂时的，而且只是达成我们目标的手段。也无怪大部分人走到生命的最后，回首往昔岁月，才发现度过的一生是短暂的，才懊悔自己任意挥霍、没有充分体验的是自己的生命！而人们毕生的期待就是过好自己的生活。但无数的人被希望所迷惑，直到他投入死亡的怀抱。

每个人都是贪得无厌的，每当一个欲望满足，就会产生新的欲望，欲望是永远不可能一直得到满足的。

这是因为就意愿的本质而言，它是全部世界的主宰。既然一切都属于它，那么单个事物是无法满足它的，能满足它的只有整个世界。然而，世界又是无穷无尽的。当我们考虑到这个世界的主宰（意愿）作为一个个体出现时，得到的东西是那么少，仅能维持其生存，我们又怎能不动恻隐之心？这就是人类如此忧郁的原因。

现如今，人们智力低下，崇拜各种稀奇古怪没有任何好处的东西，这种情况很符合“Jetztzeit（德语：当下）”这个杜撰的词，这个词做作又刺耳。泛神论者大胆地宣称，生命正如他们所言，是“自为目的”。如果我们的存在真的是自为目的，那么这个目的是包括我们在内的所有人能想象的最为荒谬的目的了。

生活是一个任务，这个任务，就是维持生命。如果这个任务实现了，活着就成为一种负担，那么第二个任务也就出现了，就是赶走生活中的厌倦与无聊。厌倦和无聊就像盘旋在我们头顶的猛禽，随时准备俯冲，把我们变成它的猎物。

所以，第一个任务是得到某物，第二个任务是在得到某物后，忘掉这件事，要不就成了生活的负担。

人生必定是一种错误。人有各种各样难以满足的需求，此外就算这些需求得到了满足，那么一个人所能到达的不过是一种无痛的状态，而在这种状态下，一个人会不可避免地感到无聊。这也正好证明了存在本身没有任何意义，因为厌倦就是生命虚无的感觉。举个例子，我们都知道每个存在都渴望生命，如果生命本身有任何一星半点真正积极的价值，那么就不会有无聊存在了。仅生存本身就可以提供我们的一切所需，让我们满足。生存本身并不能带来快乐，有所追求人才会快乐。我们总以为跋涉过遥远的路途，征服种种困难后，我们就能得到满足。然而，在我们真的实现这些目标后，却没有得到真正的满足，这些幻觉也就消失了。或者当我们在从事一些纯智力性的事情时，我们超脱于世俗的时间，从外面观察它，就像剧院的观众一样。即便是感官快乐本身，也不过是一种不断的追求，当目标实现之后，这种追求也就停止了。只要我们不受这两种方式的影响，回到生存本身，我们就会发现存在毫无价值、空虚的本质。我们所说的厌倦就是这个意思。人们生来就有一种对不同寻常事物的深深渴望。这也证明了，我们多么喜欢打断事物乏味自然的过程。即使是那些躲在庄严的城堡中的富人，也不过是徒劳地想要对抗存在的本质——受罪。

* * *

生存意愿的最完美体现，莫过于精巧复杂的人体了，然而，就是这么巧妙的产物，终有一天也要尘归尘，土归土。自然通过这种一贯残酷的方式，宣告生存意愿的所有尝试不过是白费力气。若生存本身真有无条件的价值，那么也不会到最后灰飞烟灭。正如歌德美丽的歌："人只不过是一种现象，而不是自在之物，人无可避免的死亡已经证明了这一点。"

而我们生命的伊始和结束是多么的不同啊！活着的时候，人充满了妄想，沉迷于感官的享受，死了之后，就只剩下腐烂的身体了。

就我们的幸福和生活享受而言，童年的梦幻、青年的快乐、中年的烦恼、老年的虚弱及日常的、疾病的痛苦，还有最后面对死亡的挣扎——这一切难道不使人感到存在不过是一个错误，其后果也逐渐变得越来越明显吗？

最大的智慧莫过于看透生命虚妄的本质，一切都袒露无遗，一切都早已注定。

我们的生命本来渺小，像是一个小到不能再小的点，只不过透过时空的滤镜，看上去变大了很多罢了。

我们的存在和世间的万物是绝对空虚的。只是因为大脑对时间持续的幻觉，我们得到些许真实的感觉。

一个人后悔和痛惜自己没有好好利用过去的机会，而这些机会本来可能使他获得幸福和更好地享受生活。这是多么愚蠢的事情啊！他们现在还剩下了什么？只有回忆的幽灵！所有我们曾达成的目标和实现的梦想，现在回想不都像一场梦吗？时光易逝，时间的流淌改变了一切事物，这让我们明白一切世俗的享受都是那么的虚无。

不光是动物，人类的存在也是暂时的，就像一个一直在动的水车一样。

人的肉身固然可以短存，但这短存的肉体也必须处在不断变化之中，必须时时刻刻都有除陈纳新的过程。因而，所有生物最主要的任务，就是要保持源源不断的物质供给。同时，他们也意识到,他们的存在是如此短暂,如前所述,只不过区区几十年而已。这也是为什么,人们都热衷于费尽心机地去找一个合适的接班人。这种尝试最明显的表现就是性欲，就是生殖本能。这种本能就像串起一串珍珠的穿线，一个个人就像一个个珍珠一样，串接起来。让我们想象一下，把串珍珠的进程加快，我们就会发现物质不断变化，就像串上的珍珠一样，虽然每一个珍珠都无时不在发生变化，但是整体上好像并没有什么变化。从这一点，我们便能感悟到我们的存在不过是徒有其表。按柏拉图教义讲，唯一存在的是理念，事物的本质不过是虚影。

我们什么都不是，且与自在之物所证的相反，我们只不过是一种现象。这一点可以通过下面的事实来证实和解释，那就是我们活着要不断消耗和补充能量，一刻都不能停止对营养的需求。我们就像烟、火、喷泉，一旦没了柴、没了水，一切也就到此为止了。甚至还可以说，作为现象的生存意愿本身，最终也将不复存在。然而，虚无与现象，也是在生存意愿的范畴内，并以其为基础。我承认，这有些晦涩难懂。

如果我们想通过一个方面了解人性的全貌，只需看看世界上多少人为了生存无时无刻不在进行着拼搏和挣扎，为了应对各种各样的威胁和危险，不得不把精神和肉体的力量发挥到极致。

让我们静心细想一下人们为了生存所付出的代价，就会发现人们没有痛苦的时间，只不过是一段转瞬即逝的间歇期，人们很快就会感到十分无聊,为了驱赶无聊,又很快生出许多别的欲念来。

感到厌倦无聊之后，紧接着就产生新的需求，这种事并非只体现在人类身上，动物也是如此。这是因为生命本身并没有真实的价值，生命需要通过幻想和需求来驱动。一旦人断了欲念、没了幻想，就会意识到，荒芜和虚空才是存在的本来面目。

若从整体上细思世界的运转，想想人们的一生短暂而又不真实，转眼就被下一代所代替，再想想生活中的细小琐事，就越来越觉得这一切像是一出喜剧！

这让我们觉得众人就像是一滴水中挤满的滴水虫，或者是奶酪中的一群螨虫，得用显微镜才能看到。这些小虫子，在如此狭小的空间里，彼此之间争勇斗胜，真是有趣极了。而人短短的一生也是如此，那些伟大而严肃的事迹，反而有一种喜剧效果。

没有人能在当下感到完美的幸福，若有人能做到的话，他必然是很陶醉的。

图书在版编目（CIP）数据

人生的智慧 / (德) 亚瑟 · 叔本华著 ; 张亦华译
. -- 北京 : 中国华侨出版社 , 2022.12
ISBN 978-7-5113-8617-5

Ⅰ . ①人… Ⅱ . ①亚… ②张… Ⅲ . ①叔本华 (
Schopenhauer, Arthur 1788–1860) —人生哲学—哲学思想
Ⅳ . ① B516.41

中国版本图书馆 CIP 数据核字 (2021) 第 191397 号

人生的智慧

著　　者：［德］亚瑟 · 叔本华
译　　者：张亦华
责任编辑：姜薇薇
封面设计：刘梦玺
经　　销：新华书店
开　　本：880mm × 1230mm 1/32　印张：8.75　字数：165 千字
印　　刷：三河市冀华印务有限公司
版　　次：2023 年 2 月第 1 版
印　　次：2023 年 2 月第 1 次印刷
书　　号：ISBN 978-7-5113-8617-5
定　　价：45.00 元

中国华侨出版社 北京市朝阳区西坝河东里 77 号楼底商 5 号　邮编：100028
发行部：（010）82068999　传真：（010）82069000
网 址：www.oveaschin.com
E-mail：oveaschin@sina.com

如发现图书质量问题，可联系调换。质量投诉电话：010-82069336

上架建议：畅销 | 哲学

ISBN 978-7-5113-8617-5

定价：45.00 元